Daniel Brochard

MEIN GEMÜSE-GARTEN

GÄRTNERN NACH BILDERN

Gemüse · Kräuter

Genehmigte Lizenzausgabe für Vivo Buch,
Benzstraße 56, 71272 Renningen, Deutschland
www.garant-verlag.de

© Copyright des deutschen Textes: **garant** Verlag GmbH, Renningen, 2017

ISBN 978-3-945623-02-2

Deutsche Übersetzung:
Dr. Katrin Korch, Baden-Baden

Satz: Martin Jablonka, Rastatt

© Copyright der französischen Originalausgabe:
Daniel Brochard: Tout le potager.
© 2014, Éditions Rustica, Paris

Die Übersetzung des Titels wurde nach Vereinbarungen mit Éditions Rustica produziert.

Daniel Brochard

MEIN GEMÜSE-GARTEN

GÄRTNERN NACH BILDERN

Gemüse • Kräuter

Inhalt

Ein Küchengarten 6

Einen Gemüsegarten anlegen 6
Ein nährstoffreicher Boden 9
Den Boden vorbereiten 10
Pflanzen vorziehen 11
Einsetzen 15
Anschließende Pflege 15
Notwendige Behandlung 18
Ernte und Lagerung 19
Werkzeuge im Gemüsegarten 20

Gemüse 23

Knoblauch 24
Artischocke 26
Spargel 29
Aubergine 32
Mangold 35
Rote Beete 37
Kardone 39
Karotte 42
Staudensellerie 45
Knollensellerie 47
Endivie 50
Brokkoli 54
Rosenkohl 57
Blumenkohl 60
Kohlkopf 63
Kohlrabi 66
Salatgurke und Gewürzgurke 68
Zucchini 71
Schalotten 73
Chicorée 75
Spinat 78

Fenchel 80
Ackerbohne 82
Erdbeere 84
Gartenbohne 87
Blattsalat 91
Feldsalat 95
Melone 97
Pflücksalat (Portulak, Rauke,
Gartenkresse...) 100
Steckrübe 102
Zwiebel 104
Peperoni und Paprika 107
Lauch 109
Erbsen 112
Kartoffel 115
Kürbis 117
Radieschen 120
Rettich 122
Rhabarber 124
Tomate 126

Kräuter 131

Basilikum 133
Kerbel 135
Winterlauch und Schnittlauch 137
Estragon 139
Minze 141
Petersilie 143
Salbei 145
Thymian 147

Arbeitskalender 149
Glossar 155
Index 157
Bildnachweis 160

Zeichenerklärung

BODEN   LICHT   VERMEIDEN   SCHÄDLING   KRANKHEITEN

EIN KLEINER TIPP   IN DER KÜCHE

Ein Küchengarten

Küchengärten gibt es schon sehr lange, heute legt man sie eher als Hobby an. Es macht Freude zu sehen, wie das eigene Gemüse wächst, es dann zu ernten und zu essen oder es als »selbstgemacht« anbieten zu können. Behandeln Sie Ihren Garten gut und er wird Ihnen 1001 Genüsse zurückgeben.

EINEN GEMÜSEGARTEN ANLEGEN

In ein frisch geerntetes Radieschen zu beißen, eine saftige Tomate zu essen, zu einer an der Sonne gereiften Melone zu greifen, reizt Sie das? Zögern Sie nicht weiter: Richten Sie eine Ecke in Ihrem Garten als Gemüsegarten ein. Aber Vorsicht! Begeben Sie sich nicht in dieses Abenteuer und fangen nicht damit an, bevor Sie nicht gut darüber nachgedacht haben, was Sie anpflanzen möchten und wie der Boden beschaffen ist.

IN REICHWEITE

Man muss seinen Gemüsegarten nicht unbedingt in einem bestimmten Bereich des Gartens anlegen. Das ist alles eine Sache des Geschmacks und der Ästhetik. Aber es ist sicher von Vorteil, Gemüse und Kräuter in der Nähe der Küche zu haben. Wenn möglich, versuchen Sie also, Ihren Gemüsegarten nahe am Haus anzulegen. So kann die Köchin

(oder der Koch!) in letzter Minute noch zwei oder drei Karotten oder Rüben ernten oder einen Stängel Kerbel oder ein paar Blätter Salbei pflücken, die für das Aroma des Essens unerlässlich sind.

DER EINFLUSS DES MONDES:

Manche glauben daran, Andere nicht, aber viele Gärtner achten auf die Stellung des Mondes und seinen Lauf am Horizont. Viele Untersuchungen haben gezeigt, dass sein Einfluss nicht geleugnet werden kann. Demnach erfolgt die Aussaat vorzugsweise bei zunehmendem Mond, damit die Samen nicht zu schnell keimen.

SONNENSEITE

Es gibt sehr wenige Gemüsesorten, die im vollen Schatten wachsen. Die meisten brauchen viel Sonne, um reif zu werden. Wählen Sie zudem einen freien Standort, der nicht im Schatten großer Bäume oder Gebäude liegt. Pflanzen, die keine starke Hitze vertragen, setzen Sie am besten neben hohe Pflanzen, die ihnen tagsüber ein wenig Schatten spenden. Vermeiden Sie aber auch Lagen, wo viel Wind geht: dort ist es kühl und durch den Wind können Blätter oder Äste abbrechen. Eine schützende Hecke oder einfach eine Schutzwand aus Bambusmatten sind dort angebracht. In älteren Gärten pflanzte man Obsthecken, die vor Wind schützen, ohne den niedrigeren Gemüsepflanzen zu viel Schatten zu geben. Das ist bestimmt eine gute Idee, wenn Sie den richtigen Platz dafür haben. Ein letzter Punkt: Vergewissern Sie sich, dass es dort, wo Sie Ihren Gemüsegarten anlegen wollen, auch eine Wasserquelle gibt. Grundsätzlich braucht Gemüse viel Wasser. Vermeiden Sie daher lange Wege, um Ihre Gießkanne zu füllen oder den Wasserschlauch hinter sich her zu ziehen.

DIE RICHTIGE GRÖSSE

Die Größe Ihres Gemüsegartens hängt grundsätzlich davon ab, wie viel Zeit Sie für die Pflege aufbringen möchten. Säen, Pikieren und Pflanzen sind schnell gemacht und nicht schwierig, aber dann kommen die täglichen Aufgaben auf Sie zu wie Gießen, Ausdünnen, Schneiden, Jäten, Hacken und Düngen. Wenn Sie sich nicht täglich einige Zeit Ihrem Gemüse widmen können, sollten Sie Ihre Ambitionen begrenzen. Mit einer Fläche von 100 bis 150 m² kann man eine vierköpfige Familie ein ganzes Jahr lang ernähren, wenn Sie Ihren Gemüsegarten gut einrichten und Zwischenkulturen anlegen, das heißt am besten jede freie Ecke nutzen und auf eine abgeerntete Ackerschicht das Notwendige aufbringen, um sie wieder zu erneuern.

BELIEBTE PFLANZEN:

Bestimmte Sorten von Gemüse- und Zierpflanzen nützen sich gegenseitig, wenn man sie nebeneinander anpflanzt. Verbinden Sie das Nützliche mit dem Angenehmen! Tomaten und grüne Bohnen halten Saatfliegen fern. Lauch schützt die Karotte vor der Fliege, die Karotte hingegen hält die Motte vom Lauch fern. Die Kohlerdflöhe, Feinde des Kohls, mögen die Nähe zu Salat und Spinat nicht. Der Kohlweißling und die Fliege, ebenfalls Schädlinge des Kohls, verschwinden, wenn Sie Tomaten in der Nähe pflanzen. Schließlich verbreiten Tagetes und Ringelblume einen Duft, der viele Insekten vertreibt.

ANORDNUNG

Unterteilen Sie Ihren Gemüsegarten in kleine Einheiten, um gut darin arbeiten zu können, ohne dass eine auf Dauer lästige Gymnastikstunde daraus wird. Idealerweise teilen Sie ihn in Karrees ein, die Sie mit Holzplanken abtrennen. Generell sollten diese nicht länger als 1,20 m sein. So ist das Beet von allen Seiten gut erreichbar, ohne dass man sich verrenken muss.

viel Pflege und Aufmerksamkeit erfordert. Wenn Sie noch kein Experte im Gemüseanbau sind, ist es besser, Sie begrenzen Ihre Ambitionen. Radieschen, grüne Bohnen, Tomaten und Salat erfordern keine besonderen Fähigkeiten, aber nehmen Sie Abstand von Chicorée, Kardonen oder Melone. Manche Gemüsesorten benötigen zudem viel Platz, manchmal mehrere Jahre lang, wie etwa Spargel oder Artischocken. Wenn Sie ein Hochbeet anlegen, verzichten Sie lieber darauf. Zudem können Sie vielleicht manche Gemüsesorten günstig kaufen, weil Sie in einer Hauptanbauregion wohnen, so dass es sich nicht lohnt, Zeit und Platz für deren Anbau zu vergeuden.

WELCHE MENGE?

Diese Frage ist schwierig zu beantworten, weil es von Ihrem Appetit abhängt, von der Personenzahl und vom Platz, den Sie einer speziellen Sorte einräumen. Die Erfahrung wird Ihnen zeigen, wie viele Samen Sie aussäen und wie viele Pflanzenzöglinge Sie setzen müssen. Am besten führen Sie in den ersten Jahren ein Notizbuch über Ihren Gemüsegarten.

Es gibt zwei Arten von Wegen zwischen den Beeten. Zum einen etwas größere Hauptwege, die Platz für eine Schubkarre lassen. Sie sind durchschnittlich 80 cm breit. Am besten befestigt man sie (mit Kies, Bodenplatten oder Rasen), so dass Sie Ihren Gemüsegarten jederzeit durchqueren können. Die Durchgänge innerhalb der Karrees bestehen aus festgeklopfter Erde und sind zwischen 30 und maximal 40 cm breit, damit Sie nicht zu viel Platz verschenken, aber doch gut zwischen den Pflanzen durchkommen, ohne überhängendes Gemüse zu beschädigen.

WELCHES GEMÜSE?

Das ist eine Sache des Geschmacks. Man muss keinen Brokkoli anpflanzen, wenn man ihn nicht gerne isst! Denken Sie daran, dass es »leichtes« Gemüse gibt und solches, dass

FRUCHTWECHSEL:
Ein wichtiger Grundsatz: Bauen Sie niemals in zwei aufeinanderfolgenden Jahren das gleiche Gemüse an derselben Stelle an. Zum einen verliert der Boden dadurch sehr schnell bestimmte Nährstoffe, zum anderen riskieren Sie, dass Krankheiten wiederkehren, wenn sich Parasiten in der Erde festsetzen und die jungen Pflanzen befallen. Wechseln Sie mit den Gemüsesorten ab. Setzen Sie im ersten Jahr Fruchtgemüse; das schmeckt besonders gut. Säen oder pflanzen Sie danach Wurzelgemüse, das seine Nährstoffe aus der Tiefe des Bodens nimmt. Im dritten Jahr setzen Sie Blattgemüse und Zwiebeln.

Dann wissen Sie, ob Sie zwei 12er-Schalen mit Blattsalat einpflanzen, die alle gleichzeitig wachsen und die sie innerhalb von zwei Wochen zu allen Mahlzeiten essen müssen! Wenn Sie etwas Abwechslung in Ihren Speisen haben möchten, teilen Sie die Samen und Pflanzenzöglinge auf. Für 1 m² im Gemüsegarten reichen Ihnen an Saatgut 2 g Rote Beete, 1,5 g Karotten, 0,5 g Gewürzgurken, 5 g Spinat, 25 g Erbsen, 15 g Bohnen und 0,2 g Tomaten. Ein Meter Karotten, Rüben oder Rote Beete ergeben jeweils ungefähr 2 kg Gemüse.

NÄHRSTOFFREICHER BODEN

Bevor Sie Samen aussäen, untersuchen Sie die Beschaffenheit der Erde in Ihrem Garten. Sie können dann bei Bedarf ihre Qualität verbessern, so dass Ihre Pflanzen beste Bedingungen haben.

KALKHALTIGER BODEN

Er ist locker, oft hell und wird bei Trockenheit rissig. Sofern er auch lehmhaltig ist, wird er nach dem Regen fest. Wenn es im Frühjahr noch kalt ist, kann man frühe Pflanzen hineinsetzen. Er enthält wenig Nährstoffe und braucht regelmäßige Düngung; für Gemüsepflanzen eignet er sich nur bedingt. Wenn Sie organische Stoffe wie Gründünger, Kompost oder hellen Torf einarbeiten, verbessern Sie seine Beschaffenheit. Karotten, Kohl, Zwiebeln und Thymian mögen kalkhaltige Böden.

LEHMBODEN

Im Gegensatz zu kalkhaltigem Boden ist Lehmboden nicht einfach zu bearbeiten. Wasser und Dünger dringen nur schwer ein und daher kaum zu den Wurzeln durch. Im Frühjahr braucht er lange, bis er sich erwärmt. Frühkulturen können hier nicht gedeihen. Um eine Beschädigung des Wurzelballens durch Frost und Tauwasser zu verhindern, legen Sie eine Drainage an und lockern den Boden zu Beginn des Winters auf. Arbeiten Sie organische Stoffe wie Sand oder Torf unter und versorgen Sie den Boden mit Kalk. Dies

trägt zur Verbesserung der Bodenbeschaffenheit bei. Bauen Sie dann auf lehmhaltigen Böden Blumenkohl, Bohnen, Erbsen und Tomaten an.

SANDIGER BODEN

Ein sandiger Boden ist zwar sehr leicht zu bearbeiten, aber nicht unbedingt ein idealer Boden, weil er wenig Wasser speichert und dieses beim ersten Sonnenstrahl verdunstet. So sickert der Dünger in den Untergrund ein, bevor er die Wurzeln mit Nährstoffen versorgt. Zudem trocknet der Boden sehr schnell aus. Andererseits erwärmt er sich im Frühjahr schnell. Um darauf Gemüse anzubauen, müssen Sie ihn regelmäßig und zügig düngen, am besten mit organischem Einzeldünger, und so oft wie möglich gießen. Dieser Boden ist ideal für Spargel, Schalotten, Rüben, Kartoffeln und Fenchel.

HUMUSBODEN

Er ist stickstoffreich, leicht zu bearbeiten und erwärmt sich schnell bei den ersten Sonnenstrahlen im Frühjahr. Dieser Boden trocknet im Sommer schnell aus und wird durch die Regenfälle im März oder September leicht sumpfig. Wenn Sie Lehm- und kalkhaltige Böden für den Anbau vorbereiten, arbeiten Sie alle drei Jahre Phosphatdünger und Kalk unter den Humus. Auberginen, Kürbisgewächse, Lauch und Rhabarber mögen Humusböden.

Kompost in einem Gemüsegarten

Entsprechend dem Analyseergebnis arbeiten Sie Sand, Torf, Kalk, organische Stoffe, Stalldung etc. ein. Die Mengen variieren je nach Beschaffenheit, aber oft ist es notwendig, mehrere Jahre nacheinander zu düngen, bis der Boden nahezu perfekt ist.

DÜNGUNG

Damit führt man den Pflanzen die notwendigen Nährstoffe zu. Die wichtigsten Nährstoffe sind Stickstoff, symbolisiert durch den Buchstaben N, Phosphor (P) und Kalium (K). Stickstoff ist notwendig für die oberen Pflanzenteile wie Stängel und Blätter, Phosphor für das Wurzelwachstum, die Blütenbildung und die Krankheitsresistenz, ebenso wie Kalium, das die Pflanzen gegen Schädlinge stärkt. Alle verbessern das Wachstum, indem sie den Transport von Zucker in Form von Stärke fördern und den Geschmack des Gemüses verbessern.

Hinzu kommt die Bedeutung von Spurenelementen wie Eisen, Magnesium, Bor, Kalzium und Kupfer, die alle notwendig sind und die Fotosynthese, die Entwicklung von Zellulose, der Blütenbildung und die Aufnahme von Dünger beeinflussen. Man sollte sie mehrmals in die Erde einarbeiten, das erste Mal während der Vorbereitung des Bodens und dann immer wieder während der Vegetationsperiode.

DEN BODEN VORBEREITEN

Der Erfolg des Gemüseanbaus hängt davon ab, wie gut Sie den Boden vorbereitet haben. Diese Vorbereitung ist mindestens so wichtig wie das Anpflanzen selbst und die Pflege während des Wachstums.

BODENVERBESSERUNG

Wir haben bereits gesehen, dass die Bodenbeschaffenheit das Wachstum Ihres Gemüses beeinflusst. Je nach Art des Bodens müssen Sie ihn noch verbessern und seine physikalische oder chemische Struktur verändern.

BODENBEARBEITUNG

Man bearbeitet den Boden von Hand mit einem Spaten oder mit einem Einachsschlepper mit Pflug. Dadurch wird die Erde gewendet und aufgelockert, so dass Luft und Wasser besser in den Unterboden eindringen können. Zudem werden dabei Wurzeln von Unkraut entfernt und Dünger untergearbeitet. Außerdem kann man dabei die Larven von Parasiten nach oben holen, die unter der Erde leben. Sie sind ein Leckerbissen für Vögel, die die Parasiten auf diese Weise entfernen. Wie weit Sie in die Tiefe arbeiten müssen, hängt im Gemüsegarten davon ab, was Sie anbauen möchten. Für die meisten Sorten müssen Sie mindestens 20 cm tief graben, aber für Wurzelgemüse sind oft 30 cm notwendig. Am besten bearbeiten Sie den Boden vor Wintereinbruch, lassen Wurzeln und Unkraut dabei aber unbeschädigt. Der Wechsel von Frost und Tauwetter wird sie zersetzen, wobei die Bodenstruktur verbessert wird. Im Frühjahr wird der Boden kurz vor der Kultivierung bearbeitet.

AUFLOCKERN UND HARKEN

Beim Auflockern des Bodens werden Wurzeln zerkleinert und der Boden geebnet. Verwenden Sie eine Harke mit drei oder vier Zinken und arbeiten Sie vor und zurück und umgekehrt, auf einer Tiefe von 10 bis 15 Zentimetern. Das macht man direkt nach den Vorbereitungsarbeiten im Frühjahr. Wenn die gröbsten Wurzeln zerkleinert und der Boden

geebnet ist, gehen Sie noch einmal sorgfältig mit der Harke darüber. Dabei entfernen Sie größere Kiesel und erhalten so einen sehr feinen Boden auf der Oberfläche, auf dem Sie gut Samen auszusäen können.

PFLANZEN VORZIEHEN

Ihr Boden ist bereit, um die ersten Gemüsepflanzen aufzunehmen. Gehen Sie nun an das Säen, Pikieren und Einpflanzen. Weil es preisgünstiger ist, aber vor allem auch, damit Sie die Entstehung Ihres Gemüses vom Samen bis auf Ihren Teller verfolgen können, säen Sie die Pflanzen aus. Sie können aber auch Zöglinge kaufen, was viel schneller geht.

AUSSAAT

Säen Sie je nach Gemüseart die Samen gleich ins Beet oder ziehen Sie sie vor, bis Sie sie bei entsprechendem Wetter draußen einpflanzen können.

• **Aussaat im Frühbeet.** Dabei sät man die Samen in Behältern (Töpfen, Schalen, Kisten etc.), die mit einer Schicht Kiesel als Drainage und fein gesiebter Erde gefüllt sind. Die Erde sollte 8 bis 10 cm hoch sein, damit sich die Wurzeln entwickeln können. Drücken Sie mit einem Holzbrettchen den Untergrund fest, verteilen Sie dann die Samen darauf und achten Sie darauf, dass sie nicht zu dicht liegen, damit sie ausreichend Platz zum Keimen haben. Bedecken Sie sie mit 1 bis 2 mm gesiebter Erde und drücken Sie sie nochmals

Manuelles Sägerät

ner Reihe anordnen. Schützen Sie die Seiten der Kiste bei starkem Frost mit Stroh oder getrockneten Blättern und die Oberfläche mit einer Strohmatte, die Sie während der wärmsten Stunden des Tages wegnehmen, damit die Pflanzen genug Licht bekommen und nicht verkümmern.

• **Aussaat am Standort.** Hierbei sät man die Samen direkt dort, wo die Gemüsepflanzen später wachsen. Der Boden sollte auf den oberen Zentimetern sehr krümelig sein. Bestimmte Sorten streut man aus der Hand ins Beet, andere wie Radieschen oder Feldsalat legt man in Reihen oder Mulden ins Beet. Beide Techniken sind gut, weil sie sehr leicht anzuwenden sind. Für das Säen in Reihen ziehen Sie an einer Schnur entlang eine Rinne von ein paar Millimetern Tiefe, je nach Samengröße. Legen Sie die Samen hinein und bedecken Sie sie mit der Erde vom Rand der Rinne. Drücken Sie sie mit dem

fest. Gießen Sie sie dann mit einem Zerstäuber, damit der Wasserstrahl die Samen nicht wieder freilegt. Stellen Sie sie dann in ein Frühbeet. Die Temperatur sollte anfangs bei 20 bis 22° C liegen, später bei 15 bis 18° C. Die Luftfeuchtigkeit sollte hoch sein.

• **Aussaat im Gewächshaus.** Etwas widerstandsfähigere Gemüsepflanzen kann man in einem Kasten aus Holz oder Kunststoff draußen unter einem Glasdach geschützt aussäen. Befüllen Sie den Kasten mit Erde und geben Sie die Samen hinein, indem Sie sie hineinstreuen oder wie im Frühbeet in ei-

Pikieren einer Pflanze

Rücken einer Schaufel fest und gießen Sie sie mit einem dünnen Wasserstrahl. Wenn Sie in Mulden säen, graben Sie eine kleine Mulde von 3 bis 4 cm Tiefe, in die Sie ein paar Samen (drei bis fünf) hineinlegen und dann mit Erde bedecken. Drücken Sie sie fest und gießen Sie sie. Das Säen in Mulden ist praktisch für Bohnen und Erbsen.

PIKIEREN

Bestimmte Gemüsesorten wie Tomaten oder Kohl müssen pikiert werden, bevor sie an ihren endgültigen Platz kommen. In dieser Phase verästeln die Wurzeln stärker, wodurch die Stängel gestärkt werden und die Pflanze mehr Kraft und mehr Triebe erhält. Wenn die Pflanzen zwei oder drei Blätter haben, nehmen Sie sie aus dem Behälter, in den sie gesät wurden. Verwenden Sie dafür ein Pikierstäbchen, um die zarten Wurzeln

nicht zu beschädigen. Setzen Sie sie dann mit einem kleinen Pflanzstäbchen oder Pflanzstock in einen Torf-, Terrakotta- oder Kunststofftopf um. Dieser sollte ein Loch haben und mit Erde gefüllt sein. Drücken Sie die Erde fest und gießen Sie sie mit einem dünnen Wasserstrahl. Stellen Sie den Topf wieder unter ein Dach.

AUSDÜNNEN

Auch wenn Sie nach allen Regeln der Kunst säen, besteht doch die große Gefahr, dass die Pflanzen zu dicht wachsen. Also muss man große Teile entfernen. Das nennt man ausdünnen. Machen Sie das, wenn die Pflanzen zwischen zwei und vier Blätter haben. Entfernen Sie von Hand die überschüssigen Blätter, damit die übrigen einen guten Abstand zueinander haben. Von dem Abstand hängt das zukünftige Wachstum der Pflanze ab.

GUTER ABSTAND:

Dies sind ein paar Beispiele für einen guten Abstand nach der Ausdünnung:
· zwischen 4 und 6 cm für Feldsalat, Lauch (vor der Ausdünnung) und Radieschen;
· zwischen 6 und 8 cm für Karotten, Spinat, rote Zwiebeln;
· zwischen 8 und 10 cm für Rote Beete, Fenchelknollen, Blattsalat (vor der Ausdünnung), Rüben, Mangold.

Entfernen Sie vorzugsweise kranke oder deformierte Pflanzen und setzen Sie kräftige Pflanzen an die leeren Stellen.

EINSETZEN

Wenn sich die Sonne wieder häufiger zeigt, die Erde vorbereitet ist, sich der Boden leicht angewärmt hat, dann ist die Zeit gekommen, dass Sie Ihren Gemüsegarten bepflanzen können. Jetzt beginnt alles!

BEREITEN SIE DIE PFLANZE VOR

Ob Sie Ihre Pflanze ausgesät oder in einer Gärtnerei gekauft haben – sie braucht etwas Pflege, bevor sie in die Erde gesetzt wird. Wenn sie in einem Topf gezogen wurde, vergewissern Sie sich, dass der Wurzelballen feucht ist. Eine Pflanze in trockener Erde wird sich nur schwer erholen. Wenn Ihnen der Wurzelballen trocken erscheint, tauchen Sie ihn solange in ein Gefäß mit Wasser, bis keine Luftblasen mehr aufsteigen. Heben Sie ihn vorsichtig heraus, achten Sie darauf, dass der Wurzelballen nicht abfällt, und pflanzen Sie ihn ein. Wenn die Pflanzen mit nackten Wurzeln ohne Ballen gekauft wurden, kürzen Sie die Wurzeln auf 2 oder 3 cm (bei Lauch) und schneiden Sie beschädigte Stellen ab.

> **TORFTÖPFE:**
> Auch wenn Sie ein wenig ihre Form verlieren, weil sie sehr feucht werden, sind Torftöpfe sehr praktisch, weil man die Pflanzen nicht umtopfen muss. Setzen Sie sie direkt in das Pflanzloch; der Topf zerfällt von selber und beeinträchtigt nicht das Wachstum der Wurzeln.

Sie können auch das Blattwerk beschneiden, um die Verdunstung zu begrenzen und damit das Anwachsen zu erleichtern.

EINPFLANZEN

Pflanzen mit nackten Wurzeln werden mit Hilfe eines Pflanzstäbchens oder –stockes in die Erde gesetzt. Setzen Sie sie aufrecht ein und lassen Sie die Pflanze in das Loch gleiten; achten Sie darauf, dass die Wurzeln dabei nicht zurückgebogen werden. Verteilen Sie mit dem Pflanzstock Erde um die Pflanze und drücken Sie sie dabei fest, damit Luftblasen entweichen können. Umgeben Sie die Pflanze mit einer 3 bis 4 cm hohen Erdschicht, damit sie guten Halt hat. Für Pflanzen mit Wurzelballen graben Sie mit einer Schaufel ein Pflanzloch. Setzen Sie die Pflanze hinein und bedecken Sie den Wurzelballen mit Erde. Drücken Sie sie mit den Fingern fest. Die Oberfläche des Ballens sollte die Erdoberfläche berühren. Blumenzwiebeln werden in Löcher gesetzt, die doppelt so groß wie ihr Durchmesser sind. Setzen Sie sie richtig herum ein, immer mit der Spitze nach oben. Drücken Sie sie mit den Fingerspitzen fest, bedecken Sie sie mit Erde und klopfen Sie sie fest. Bis auf Zwiebelgemüse sollten Sie die gesetzten Pflanzen ausreichend gießen, auch wenn die Erde feucht ist. Durch das Gießen wird die Erde festgedrückt. Verwenden Sie eine Gießkanne und gießen Sie mit ein wenig Abstand von der Pflanze, damit um den Stängel keine Löcher entstehen.

ANSCHLIESSENDE PFLEGE

Säen und Pflanzen sind beendet. Jetzt beginnt die Zeit des Überwachens und der Pflege. Dafür braucht man nur ein paar Minuten am Tag, die Arbeit ist schnell ausgeführt und Ihren Schützlingen wird es an nichts fehlen.

Pflanzen

Gießen

GIESSEN

Das ist unerlässlich, denn ohne Wasser können die Pflanzen nicht leben. Für die Menge und Häufigkeit gibt es keine genaue Regel, weil nicht alle Gemüsesorten die gleiche Wassermenge benötigen. Außerdem kommt es auf das Wetter an und darauf, wie viel Wasser der Boden speichern kann. Sie sollten also täglich überprüfen, wie feucht die Erde ist und falls notwendig, gießen. Gießen Sie am besten am Fuß der Pflanze, damit die Blätter nicht nass werden und keinen Schaden nehmen. Wenn Sie die ganze Pflanze besprühen, begünstigen Sie die Ausbreitung von Unkraut. Schließlich sparen Sie so auch Wasser. Ideal ist eine Tröpfchenbewässerung, allerdings stören die Schläuche bei Gartenarbeiten ein wenig. Gießen Sie lieber am Abend als am Tag, wenn das Wasser schnell verdunstet. Und gießen Sie großzügig, denn das Wasser sickert schnell ein. So befördern Sie das Wachstum der Wurzeln. Die Pflanze ist dann auch widerstandsfähiger, wenn es

mal trockener ist.

HACKEN

Vor allem lockert man damit die Bodenoberfläche auf, die durch Regen und wiederholtes Gießen deformiert ist. Dadurch wird die Belüftung und Wasserversorgung der Wurzeln beeinträchtig, wodurch sich das Wachstum der Pflanze verlangsamt. Vergessen Sie nicht die alte Weisheit: »Einmal hacken ist so gut wie dreimal gießen«. Hacken Sie mindestens einmal wöchentlich, auch zwischen den Reihen. Dabei können Sie gleich aufkeimendes Unkraut beseitigen.

JÄTEN

Das ist ähnlich wie hacken, aber der Schwerpunkt liegt beim Jäten auf dem Entfernen von Unkraut. Wenn Sie ein- oder zweimal die Woche jäten, bleibt der Boden immer sauber. Wenn der Boden stark mit Unkraut zugewuchert ist, lassen Sie es nicht stehen. Sonst riskieren Sie, dass es beim nächsten Gießen oder Regen wieder Wurzeln bildet.

ABDECKEN

Das Abdecken von Pflanzen kennt man aus dem Ziergarten, aber nichts spricht dagegen, auch im Gemüsegarten die Pflanzen vor allem an ihrem Fuß abzudecken, da sie mehrere Monate an der gleichen Stelle stehen. Verwenden Sie Material, das sich im Laufe der Saison von selbst zersetzt, wie Leinstroh, gehackte Kakaoschalen, Torf oder Stroh. Oft ist eine Höhe von 5 bis 8 cm notwendig,

PFLANZEN AUF KUNSTSTOFFFOLIE:

Dies wird vor allem bei Erdbeerpflanzen gemacht, aber man kann auch Melonen, Gewürzgurken und Gurken auf Kunststoff anpflanzen: alle diese Gemüsesorten wachsen direkt auf dem Boden und sind daher empfindlich. Die Kunststoffabdeckung hält den Boden immer frisch und sauber.

Spalierstangen

ANHÄUFELN

Bei Bohnen und Kartoffeln müssen Sie Erde »anhäufeln«, damit sie guten Halt haben, beziehungsweise damit sich die Knollen unter der Erde gut entwickeln. Bringen Sie dafür Erde in Form etwa 20 cm hoher Häufchen um die Stängel herum an. Wiederholen Sie das ein- bis zweimal, je nach Pflanzenwachstum.

SCHNITT

Die Mehrzahl der Gemüsepflanzen muss nicht zurückgeschnitten werden. Aber bei einigen wirkt es sich gut auf das Fruchtwachstum aus, wenn man sie ein- oder zweimal zurückschneidet. Dies ist bei Auberginen, Melonen und Gurken der Fall: Sie sollten hier den Hauptstängel zurückschneiden, damit sich Nebenzweige bilden und das Fruchtwachstum verstärkt wird. Bei Tomaten geizt man die Triebe aus, d.h. man bricht die Seitentriebe ab.

damit der Boden die Feuchtigkeit hält und das Unkraut am Wachstum gehindert wird. Das Stroh wird während der Gartenarbeit eingearbeitet.

RANKHILFE

Bestimmte Gemüsepflanzen brauchen eine Stütze zum Wachsen, damit sie nicht auf dem Boden aufliegen. Das gilt für Tomaten, Erbsen und Stangenbohnen. Installieren Sie die Rankhilfen, bevor Sie die Pflanzen setzen, damit die Wurzeln nicht beschädigt werden, wenn Sie sie in die Erde stecken. Es gibt zahlreiche Modelle aus Bambus, Kunststoff, Metall oder Holz. Befestigen Sie die Stängel mit einem Bast oder Kunststoffband, denn sie winden sich nicht von selbst um die Rankhilfe. Aber binden Sie sie nicht zu fest, damit sie nicht stranguliert werden.

BLEICHEN:
Endiviensalat, Friséesalat und Kardonen isst man, wenn das Herz oder die Seiten schön weiß sind. Stülpen Sie einen Blumentopf darüber, damit sie kein Licht mehr abbekommen. Sie können auch die Blätter mit einem Band zusammenbinden. Diese Bleiche führt man über ein paar Tage hinweg aus. Bei Kardonen binden Sie die Blätter hoch und umwickeln Sie sie mit fester Pappe. Lassen Sie Luft an die Pflanze, damit sie nicht eingeht. Bei Chicorée führt man die Bleichung im Keller durch, Salate bleiben jedoch lichtgeschützt in der Erde.

DÜNGEN

Gemüse, das die meiste Zeit am selben Platz bleibt, düngt man am besten im Zuge der Beetpflege. In den Regalen der Gärtnereien finden Sie den passenden Dünger für verschiedene Pflanzensorten. Nehmen Sie lieber Naturdünger wie Guano oder Blutmehl zum schnellen Düngen der Pflanzen sowie Hornspäne, Rizinusschrot oder Federmehl als Langzeitdünger.

NOTWENDIGE BEHANDLUNG

Auch wenn Ihr Gemüse gut gepflegt wird und gesund ist, ist es nicht vor Parasitenbefall oder Krankheiten geschützt. Dann ist Ihre ganze Mühe umsonst. Haben Sie ständig ein Auge auf Ihre Pflanzen, damit Sie früh reagieren können.

INSEKTEN UND ANDERE SCHÄDLINGE

Viele Insekten und Schädlinge können innerhalb kurzer Zeit Ihre ganzen Mühen zugrunde richten. Seien Sie daher aufmerksam.

• **Blattläuse, Raupen, Würmer,** unterschiedliche Larven fühlen sich sowohl im Boden als auch auf Blättern, Blüten oder Früchten

Falscher Mehltau

wohl. Die Schäden reichen von einem verlangsamten Wachstum bis zum völligen Verschwinden der Pflanze. Glücklicherweise gibt es ein großes Arsenal an biologischen Gegenmitteln. Ein Aufguss oder Sud aus Brennnessel, Schachtelhalm, Rainfarn kann man selbst leicht herstellen.

• **Schnecken fressen gerne alle Pflanzenteile,** die über der Erde wachsen. Sie können Barrieren aus Sägemehl ausstreuen oder Becher mit Bier aufstellen, in denen die Schnecken ertrinken.

• **Milben bewirken,** dass das Blattwerk ausbleicht und abstirbt, wenn Sie sie nicht rechtzeitig entfernen. Sprühen Sie biologische Insektizide auf die ganze Pflanze, die Spinnen verstecken sich oft auf der Blattunterseite. Wenn Sie die Pflanze großzügig besprühen, können sie zwar verschwinden, dadurch können aber Krankheiten hervorgerufen werden!

• **Nagetiere** wie beispielsweise Feld- oder Wühlmäuse und Siebenschläfer gehen gerne an gelagerte Wurzeln, aber auch an angebaute. Halten Sie Fallen bereit, um sie zu fangen.

KRANKHEITEN ALLER ART

In feuchter Umgebung können sich Krankheiten ausbreiten, die durch einen Pilz, Virus oder Bakterium oder auch einfach durch physiologische Zufälle entstanden sind. Handeln Sie schnell, um den Schaden zu begrenzen.

• **Echter Mehltau** ist eine der häufigsten Krankheiten. Er zeigt sich am weißlichen Flaum an den Trieben und Blättern. Das Wachstum verlangsamt sich und die Pflanze geht ein. Verwenden Sie ein schwefelhaltiges Produkt als Gegenmittel.

• **Falscher Mehltau** setzt sich auf vielen Sorten fest. Er zeigt sich an bräunlichen Flecken; die Pflanzen sterben ab. Sprühen Sie mehrmals hintereinander ein biologisches Fungizid auf.

• **Rost** zeigt sich an gelb-orangefarbenen

Bläschen auf dem Blattwerk, das austrocknet und das Gemüse schwächt. Behandeln Sie die Pflanze vorsorglich mit einem biologischen Fungizid und verbrennen Sie geschädigte Pflanzen.

• **Die Keimlingskrankheit** wird durch einen Pilz ausgelöst, der innerhalb weniger Tage den Keimling vollständig zerstört. Sie wird begünstigt durch hohe Luftfeuchtigkeit in einem eingegrenzten Gebiet. Wenn Sie die Samen in einem Minigewächshaus einsetzen, denken Sie an regelmäßiges Lüften und trocknen Sie die Innenwände ab oder geben Sie zerkleinerte Holzkohle auf den Boden. Gegen diese Krankheit gibt es kein wirksames Mittel.

• **Die Anthraknose** ist eine häufige Krankheit bei Kartoffeln, Bohnen, Tomaten und Melonen. Dunkle, sich ausbreitende Flecken sind charakteristisch für diese Krankheit, gegen die man mit biologischen Fungiziden präventiv vorgehen kann. Säen oder pflanzen Sie resistente Pflanzen an.

• **Physiologische Krankheiten** werden durch kulturelle Irrtümer ausgelöst: zu häufiges Gießen, exzessives Düngen, schlechte Bodenaufbereitung etc. Sie äußern sich durch Flecken, Erbleichen des Blattwerks, Risse in den Geweben, Brandflecken etc. Wenn Sie die Ursache herausgefunden haben, lässt sich gut etwas dagegen tun.

ERNTE UND LAGERUNG

Nach einigen Wochen oder Monaten Arbeit kommt der Moment des Lohns und der Freuden. Das ist die Zeit der Ernte und, wenn sie reich ist, des Einmachens.

DIE ERNTE

Die Ernte findet statt, wenn das Gemüse reif ist. Je nach Sorte kann man bald ernten (die Radieschen schon nach knapp drei Wochen) oder erst nach einigen Monaten.Bestimmte Gemüsesorten werden auf einmal abgeerntet: Kartoffeln, Zwiebeln, Schalotten etc., an-

> **GESUNDES GEMÜSE**: Gesundes Gemüse: Machen Sie nur Gemüse ein, das keine Spuren von Krankheiten oder Beschädigungen aufweist. Prüfen Sie das Gemüse regelmäßig und entfernen Sie es, wenn es zu faulen oder zu trocknen beginnt.

dere innerhalb von zwei oder drei Tagen, wie Bohnen, Tomaten, Melonen… Andere wiederum bleiben mehrere Monate im Boden und werden nach und nach geerntet: Kohl, Salat, Karotten, Feldsalat, Lauch. Wurzelgemüse wird mit einem Spaten oder einer Gartengabel aus dem Boden geholt, um es nicht zu beschädigen. Am besten lässt man es einige Stunden auf der Erde liegen, damit es »trocknet«. Das heißt, dass seine Haut etwas trocknet, damit es besser gelagert werden kann. Blattgemüse wird je nach Gebrauch geerntet, man kann die ganze Pflanze ernten (Salat, Kohl) oder auch einzelne Blätter (Spinat). Fruchtgemüse wird von Hand geerntet (Tomaten) oder mit einer Gartenschere vom Stiel abgeschnitten (Aubergine, Paprika). Ernten Sie vorzugsweise morgens oder im Laufe des Tages, wenn der Tau verdunstet ist.

LAGERUNG

Je nach Gemüsesorte gibt es zahlreiche Methoden der Konservierung. Wurzelgemüse, wie Karotten und Kartoffeln halten sich sehr gut in einem trockenen, belüfteten und frostfreien Keller. Blattgemüse und Fruchtgemüse werden in sterilisierten Einmachgläsern eingemacht (Bohnen, Spinat, Tomaten etc.). Viele Gemüsesorten kann man auch vier bis sechs Monate einfrieren. Dafür sollte man sie vorher blanchieren und in Gefrierbeutel füllen. Kräuter können ferner getrocknet und in Beuteln aufbewahrt werden. Das gilt auch für Zwiebelgewächse, die man an ihren geflochtenen Blättern aufhängt, oder für stärkehaltiges Gemüse (Bohnen, Erbsen, Saubohnen), die man in Papierbeuteln oder in Einmachgläsern aufbewahrt.

WERKZEUGE IM GEMÜSEGARTEN

Wenn auch das Haupthandwerkzeug des Menschen seine Hand ist, so gibt es doch gutes Handwerkzeug, mit dem man bessere Ergebnisse erzielen kann. Halten Sie ein paar Werkzeuge bereit, sie erleichtern Ihnen die tägliche Arbeit.

• Zum Bearbeiten des Bodens braucht man einen **Spaten** und eine **Gartengabel**. Der erstere ist praktisch zum Umgraben der Erde, die zweite braucht man vor allem, um die Erde zu lockern oder Gemüse zu ernten.

• Für Arbeiten auf dem Erdboden besorgen Sie sich eine **Gartenkralle** mit drei oder vier Zinken und eine **Harke**.

• Man reinigt den Boden mit einer **Hacke** und einer **Schaufel**.

• Mit einer **Doppelhacke** können Sie sowohl Furchen ziehen als auch die Streifen zwischen den Pflanzen auflockern.

• Zum Einsetzen von Pflanzen mit nackten Wurzeln verwendet man einen **kegelförmigen Pflanzstab**, eine **Pflanzschippe** zum Einsetzen von Pflanzen mit Wurzelballen und eventuell einen **Blumenzwiebelpflanzer** für Zwiebeln.

• Zum Gießen besorgen Sie sich eine **Gießkanne** mit einer Brause für einen feinen Strahl. Außerdem benötigen Sie einen Zerstäuber, um die Samen zu befeuchten. Für größere Flächen legen Sie sich einen rotierenden Rasensprenger mit Stativ zu, damit er auch alle Pflanzen erreicht, und einen Wasserschlauch mit Trommel.

• An Handwerksgeräten brauchen Sie noch eine **Gartenschere**, ein **Okuliermesser** und einen **Sauzahn**. Vergessen Sie nicht die Schubkarre für den Transport und einen Korb für die Abfälle.

• Kaufen Sie auch noch einen zweiten **Zerstäuber** für die Pflanzenschutzmittel oder auch noch einen dritten für biologische Mittel. Man sollte nicht denselben für die Pflege und die Schädlingsbekämpfung verwenden.

GEMÜSE

Knoblauch

Knoblauch ist eine aromatische Würz- und Heilpflanze, die man für viele Soßen verwendet. Weiß, rosa, rot oder violett – er ist der König der Küche. Je nach Art und Klima pflanzen Sie ihn im Herbst an oder warten bis zum Ende der Frostperiode.

Allium sativum (Amaryllisgewächse)

  leicht, nicht steinig

 sonniger Standort

 kalkhaltige Böden und Staunässe

 Zwiebelfliege, grüne Raupe, Rost, Anthraknose, Fäulnis, Grauschimmel

DER KLEINE TIPP

„Um Viruskrankheiten zu vermeiden, pflanzen Sie nur zertifizierte, gesunde Gewächse. Auf der Verpackung klebt ein Etikett einer offiziellen Organisation."

IN DER KÜCHE

• Knoblauch enthält folgende Vitamine: A, B1, C, B6 sowie Mineralstoffe und wird für die Herstellung von Pharmaprodukten verwendet.

• Man verwendet ihn für Soßen, roh oder gekocht.

GUT ZU WISSEN: Freund der Tomaten, Blattsalate und Kartoffeln, mag aber weder Bohnen noch Erbsen.

1 Das Beet vorbereiten

 Wenn Sie den Boden bearbeitet und auf einer Tiefe von etwa fünfzig Zentimetern aufgelockert haben, harken Sie ihn durch, um Wurzeln zu zerkleinern. Entfernen Sie Unkraut und große Steine.

Pflanzen Sie an einer Schnur entlang im Herbst weißen und violetten Knoblauch, rosa Knoblauch am Ende des Winters, indem Sie ihn mit den Fingerspitzen im Abstand von 10 cm in 2 cm tiefe Löcher stecken. Halten Sie einen Abstand von 25 cm zwischen den Reihen ein.

2 Zwiebeln setzen

3 Rechen und festklopfen

Ziehen Sie mit einem Rechen über die feine Erde, verschieben Sie dabei die Zwiebeln nicht. Klopfen Sie anschließend mit dem Rücken des Rechens die Erde fest, damit der Knoblauch fest in ihr sitzt. Gießen ist nicht nötig.

4 Ernten

Wenn die Blätter gelb und trocken werden, ernten Sie die Knoblauchknollen, indem Sie sie mit einer Gabel herausnehmen. Lassen Sie sie ein oder zwei Tage auf dem Boden ruhen. Flechten Sie die Blätter oder bewahren Sie die Knollen an einem trockenen und gut belüfteten Ort auf.

BELIEBTE SORTEN

• **Weißer Knoblauch**
- *‚Messidor', ‚Thermidrome',*
Pflanzzeit ist der Herbst

• **Rosa Knoblauch**
- *‚Fructidor', ‚Printanor',*
Pflanzzeit ist der Herbst

• **Violetter Knoblauch**
- *‚Germidour', Pflanzzeit ist*
der Herbst

Cynara scolymus (Korbblütler)

Artischocke

Mit ihren großen, schuppenartigen Köpfen, die 1,50 m hoch werden, beherrscht und überwacht sie den Garten. Sie ist mehrjährig und wird als Vorspeise, als Dipp oder auch gekocht mit einer Vinaigrette gegessen.

 nährstoffreich, tief

 sonniger Standort

feuchte Böden mit wenig organischen Stoffen

  Schnecken, grüne oder schwarze Blattläuse, Milben, Mehltau, Grauschimmel

---

EIN KLEINER TIPP

„Damit die Artischocken ohne Blütenbildung wachsen, schneiden Sie unterhalb des Kopfes einen Schlitz in den Stiel und stecken Sie ein kleines Holzstäbchen hinein."

IN DER KÜCHE

• Probieren Sie die rohen Blätter kleiner Artischocken oder verzehren Sie sie gekocht mit einer Vinaigrette. Sie sind reich an Vitaminen und Mineralstoffen.

• Damit sich die Herzen nicht verfärben, reiben Sie sie mit Zitronenwasser ein.

GUT ZU WISSEN: Die Artischocke passt immer gut, schätzt besonders die Nähe zum Spargel.

Bereiten Sie den Boden gut vor. Wenn die junge Pflanze einen erdigen Wurzelballen hat, stellen Sie sicher, dass er feucht ist. Wenn nicht, tauchen Sie ihn einige Minuten ins Wasser.

1 Die Pflanzung vorbereiten

2 Die Schösslinge vorbereiten

Wenn Sie junge Schösslinge haben, bereiten Sie sie vor, indem Sie das Blattwerk der Länge nach halbieren. Kürzen Sie die Wurzeln, indem Sie die Spitzen abbrechen. Tauchen Sie sie in Wasser, damit Sie kräftig nachwachsen.

Graben Sie mit einem Spaten oder einem Pflanzgerät ein Loch und geben Sie zersetzten organischen Dünger hinein. Setzen Sie Ihre Pflanze in das Loch und verschließen Sie es mit Erde.

3 Einpflanzen

4 Festklopfen, gießen

Klopfen Sie die Erde um die Pflanze herum mit den Händen oder Füßen fest. Gießen Sie mehrmals, die Artischocke braucht viel Wasser. Die Artischocken werden bis zu 70 bis 80 cm hoch.

5 Ernten

Ernten Sie die Köpfe, wenn sie gut ausgeformt, aber noch geschlossen sind. Schneiden Sie sie etwa 10 bis 15 cm unter dem Stielansatz ab. Die Artischocken halten sich etwa 8 Tage.

BELIEBTE SORTEN

- *‚Große von Laon'*
in Nordfrankfreich

- *‚Violette Frühe'*
im Süden

- *‚Camus de Bretagne'*
bretonische Sorte

- *‚Kleine Violette'*
malvenfarbige Sorte

ALLES IST ESSBAR

„Alle Teile der Artischocke können verwertet werden. Außer dem Herz, das man wie Gemüse zubereitet, werden die Wurzeln aufgrund ihrer harntreibenden Wirkung und die Blätter wegen ihrer Bedeutung für die Gallenfunktion verwendet. „

Nach der Ernte im Herbst wird der Stiel der abgeernteten Artischocken kurz über dem Boden abgeschnitten. Biegen Sie die getrockneten Blätter um. Die größeren können auch halbiert werden.

6 Ausdünnen

GUT ZU WISSEN: Die Artischocke besteht aus drei Teilen: den Blättern, dem Blütenboden, in dem die Blätter stecken, und dem „Heu". Die Blätter und den Boden kann man gut essen, das Heu indes entwickelt sich zu einer blau-violetten Blüte.

7 Schützen

In Regionen, in denen der Winter kalt ist, müssen die Artischocken vor starkem Frost geschützt werden. Decken Sie sie mit abgeschnittenen trockenen Blättern ab oder binden Sie die Blätter zusammen und häufen Sie etwas Erde darum an, aber lassen Sie einen kleinen Graben für die Luftzirkulation frei.

Sie können Artischocken noch im Beet teilen und dadurch vermehren. Graben Sie mit einem Spaten den Wurzelballen aus, teilen Sie ihn dann in mehrere Teile. Jeder Teil sollte ein paar Wurzeln und Blätter haben. Pflanzen Sie sie wieder ein.

8 Vermehren durch teilen

9 Schösslinge einpflanzen

Wenn mehrere Triebe am unteren Stiel der Artischocke entstehen, sind dies Schösslinge. Entfernen Sie etwas Erde um diese Schösslinge, schneiden Sie sie mit einem scharfen Messer von der Mutterpflanze ab und pflanzen Sie sie gleich ein. Achten Sie darauf, dass jeder Schössling ein paar Blätter und Wurzeln hat.

Spargel

Weißer oder grüner Spargel ist junges Gemüse, das man im Frühjahr verzehrt. Etwa zehn Jahre lang bringen die Setzlinge das Gemüse hervor, erstmals zwei bis drei Jahre nach der Pflanzung. Bauen Sie Spargel auf leichtem, sandigem Boden an.

frisch, sandig

sonniger Standort

schwere und nährstoffarme Böden

Spargelfliege, Spargelkäfer, Spargelrost, Wurzelfäulnis

> *GUT ZU WISSEN: Spargel schätzt die Nachbarschaft von Artischocken, aber mag keinen Knoblauch und keine Zwiebeln.*

Spargel muss tief in die Erde gesetzt werden. Graben Sie den Boden im Oktober oder November mindestens 25 bis 30 cm tief um und arbeiten Sie organischen Dünger ein. Denn Spargel braucht Nährstoffe.

1 Das Beet vorbereiten

2 Einen Graben anlegen

Zu Beginn des Frühjahrs legen Sie einen etwa 20 cm tiefen und 40 cm breiten Graben an. Wenn Sie mehrere Reihen anlegen, lassen Sie mindestens 60 cm Freiraum dazwischen. Stützen Sie die Ränder ab.

Asparagus officinalis (Liliengewächse)

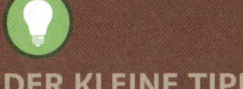

DER KLEINE TIPP

„Pflanzen Sie männlichen Spargel an – seine Wurzelknospen sind kleiner als die des weiblichen Spargels – um eine größere Ernte zu erzielen. Zur Unterscheidung: weibliche Pflanzen tragen im Herbst rote Beeren."

IN DER KÜCHE

Spargel ist diuretisch, natriumarm, aber sehr vitaminreich. Man verzehrt ihn gekocht, warm oder kalt, mit einer Kräutervinaigrette oder Sauce Hollandaise.

Spargelpflanzen haben die Form einer Kralle, die sich auf dem Boden ausbreitet und etwa 1 m groß werden kann, bevor sie mit einem Gartenmesser zurückgeschnitten wird. Stecken Sie ein Stöckchen an jede Pflanze, damit Sie sie leicht finden könnnen. Bedecken Sie sie nur leicht mit Erde.

BELIEBTE SORTEN

- ‚Andreas'
weiß, gedeiht auch in kälteren Regionen

- ‚Larac'
weiß, wächst in allen Regionen

- ‚Super Argenteuil'
weiß, frühe Ernte

- ‚Atlas'
grün, mittelfrühe Sorte

- ‚Mary Washington'
grün, sehr zart

3 Setzlinge einpflanzen

Legen Sie im zweiten Jahr nach der Pflanzung im Februar einen 20 bis 30 cm hohen Erdhügel über den Spargelpflanzen an. Wenn Sie zweijährige Pflanzen gesetzt haben, können Sie nun die erste Ernte einholen.

4 Im Herbst

Nach dem Anpflanzen nehmen Sie im Oktober die Stäbchen heraus und schneiden die Stängel etwa 10 cm über dem Boden ab. Bedecken Sie die Pflanze wieder mit etwas Erde.

5 Unter dem Erdhügel

ERSATZ
Wenn Sie im Frühjahr im Wald Spargelfarn wachsen sehen, schneiden Sie ihn ab. Man kann ihn ebenfalls in der Küche verwenden und wie Spargel verzehren.

ZU HAUSE

„ Lassen Sie nach der Ernte das Blattwerk stehen. Verwenden Sie es für Blumensträuße. Der zarte Duft passt insbesondere gut zu Rosen, Nelken und Gerbera. "

6 Die Spitzen freilegen

⬆ Von April bis Juni, je nach Region, schieben Sie mit einer Grabegabel vorsichtig die Erdhügel zurück und setzen Sie so die Spitzen der jungen Stängel frei: die Wurzelknospen. Das ist der essbare Teil des Spargels.

Für die Ernte verwendet man am besten eine Spargelkelle, die man ⬇ an der jungen Spargelstange entlang etwa 20 cm tief in den Boden hineinführt. Mit einer leichten Bewegung löst man die Stange von der Wurzel.

7 Ernten

GRÜN ODER WEISS?
Erst seit Ende des 18. Jahrhunderts wird weißer Spargel angebaut. Vorher aß man nur grünen Spargel, der am Tageslicht wächst. Derzeit ist der grüne Spargel wieder sehr beliebt.

8 Reinigungsarbeiten im Herbst

⬆ Wenn sich die Blätter nahezu vollständig gelb verfärbt haben, legen Sie die Erdhügel frei und schneiden die Stängel 10 bis 15 cm über dem Boden ab. Verbrennen Sie sie, um mögliche Schädlinge und Krankheiten zu vernichten.

Geerntet wird täglich, je nachdem wie viele neue Spargelstangen aus der Erde herauskommen. Ernten Sie etwa die Hälfte, damit die ⬇ übrigen Stangen noch weiter wachsen können. Spargel kann man nur ein paar Tage lang aufbewahren.

9 Genuss für den Gaumen

Solanum melongena
(Nachtschattengewächse)

Aubergine

Die Aubergine ist ein Kind der Sonne und wird bei Temperaturen ab 15° C gesetzt. Die weißen oder violetten, glänzenden Früchte entwickeln sich aus einer hübschen Blüte. Daher ist die Pflanze im Garten oder auf dem Balkon auch ein dekorativer Blickfang.

leicht, humos

sonniger Standort

sehr kalkhaltige und trockene Böden

Schnecken, Blattläuse, Mehltau, Milben, Grauschimmelfäule

GUT ZU WISSEN: Säen Sie Phazelien in die Nähe von Auberginen. Ihre Blüten locken Nektar sammelnde Insekten an. Setzen Sie keine Kartoffeln neben Auberginen.

EIN KLEINER TIPP

,,Wenn Sie schneller schöne Früchte ernten möchten, nehmen Sie vorgezogene Setzlinge anstelle von Samen. "

IN DER KÜCHE

• Die Aubergine ist reich an Vitaminen, Kalzium, Eisen und Magnesium und passt gut zu einem Ratatouille aus Paprika, Tomaten und Knoblauch.

• Man kann sie auch einzeln essen, gekocht oder frittiert, gefüllt oder mit Olivenöl püriert. Moussaka, Gemüsegratin, Dips – Auberginenrezepte gibt es in großer Fülle!

Ganz einfach ist es, in einer Gärtnerei vorgezogene Pflanzen zu setzen, aber Sie können die Samen auch je nach Region zwischen Januar und März in Pflanzkisten in einem kleinen Gewächshaus bei 20° C aussäen. Topfen Sie sie in einen Topf, wenn die Pflanze zwei Blätter hat.

1 Aussäen

2 Das Beet vorbereiten

Lockern Sie den Boden 20 bis 25 cm tief auf und arbeiten Sie organischen Dünger unter. Die Aubergine braucht Nährstoffe. Zerkleinern Sie Wurzeln mit einer Pflanzgabel und ebnen Sie den Boden ein.

3 In Reihen pflanzen

Wenn die Pflanze entwickelt ist und sich die Erde ausreichend erwärmt hat, spannen Sie entlang des Auberginenbeetes eine Schnur. Planen Sie alle 40 cm eine Pflanze ein, denn sie wird sich noch ausbreiten.

4 Setzling einpflanzen

Decken Sie den Wurzelballen gut mit Erde ab und drücken Sie sie mit den Fingern fest. Gießen Sie mehrmals, damit die Erde fest wird. Gießen Sie nicht das Blattwerk oder die Früchte, sondern nur am Fuß der Pflanze, damit sich kein Mehltau bildet.

5 Gießen

Achten Sie darauf, dass der Wurzelballen gut feucht ist. Formen Sie mit einem Pflanzstock ein Loch, in das sie die Pflanze setzen. Decken Sie sie 2 bis 3 cm hoch mit Erde ab, damit sich neue, kräftige Wurzeln bilden können.

GUT ZU WISSEN: Am besten gießt man die Auberginen nicht zu stark, dafür aber häufiger, jedoch in regelmäßigen Abständen. Dies gilt insbesondere für den Beginn der Blütezeit, weil zu viel Wasser die Farbe der ersten Blüten beeinträchtigt.

NUR GEKOCHT

„Auberginen müssen gekocht werden. Roh sind sie ungenießbar, weil sie Saponine enthalten, wodurch sie gegen Pilzkrankheiten resistent sind."

Tragen Sie ein paar Wochen vor der Pflanzung Dünger auf, zum Beispiel reifen Kompost. Bringen Sie auch etwas um die Pflanzen herum an und arbeiten Sie ihn etwas ein. Decken Sie den Boden mit Stroh ab, damit die Feuchtigkeit nicht entweicht.

6 Düngen, mit Stroh abdecken

GROSSE FRÜCHTE: Geizen Sie die Auberginen wie Tomatenpflanzen aus, damit Sie große Früchte erhalten. Das ist ganz einfach, weil Sie nur die Blätter bis zur ersten Blüte abknipsen müssen. Wenn Sie aber im Frühjahr von April bis Juni alle Seitentriebe ausgeizen, erhalten Sie Pflanzen von einer Höhe bis zu 15 cm.

7 Schneiden

Schneiden Sie während der Wachstumszeit die Seitentriebe, die sich am Haupttrieb bilden, oberhalb der zweiten Blüte ab. Entfernen Sie dann neue Triebe und lassen Sie ein oder zwei Blätter über der zweiten oder dritten Blüte stehen.

Wenn die Früchte glänzen, drücken Sie vorsichtig darauf. Wenn sie fest sind, können sie geerntet werden. Schneiden Sie sie mit einer Gartenschere von der Pflanze ab. Achtung: an dieser Stelle befinden sich oft kleine Stacheln.

8 Ernten

9 Gleich verbrauchen

Frisch geerntete Auberginen lassen sich nicht lange lagern, weil sie sehr schnell weich werden. Aber Sie können sie einkochen oder blanchieren und dann einfrieren.

Mangold

Stiel- oder Blattmangold – es gibt unterschiedliche Sorten dieses Verwandten der Roten Beete. Sie tragen auch den gleichen Gattungsnamen. Der Unterschied: Von dem Mangold verwendet man die fleischigen Rippen, von der Roten Beete die Wurzel.

leicht, tief

sonniger Standort

sommerliche Trockenheit und kurz zuvor gedüngter Boden

Schnecken

GUT ZU WISSEN: Mangold mag die Nachbarschaft zu Kartoffeln nicht, stattdessen aber zu Zwiebeln und Schalotten.

1 An Ort und Stelle aussäen

⬆ Wenn der Boden etwa 20 cm tief vorbereitet worden ist, ziehen Sie an einer Schnur entlang eine 2 bis 3 cm tiefe Rinne. Geben Sie die Samen hinein, bedecken Sie sie mit Erde und klopfen Sie sie mit dem Rücken der Harke fest. Mit einem dünnen Strahl gießen.

Beta vulgaris
(Fuchsschwanzgewächse)

IN DER KÜCHE

• *Mangold ist reich an Vitamin A, E, K, B2, B6 und C, enthält außerdem Eisen, Magnesium, Mangan, Kupfer, sowie Antioxydantien.*

• *Hauptsächlich verwendet man die Stiele, man kann aber auch die Blätter wie Spinat zubereiten.*

Wenn die Pflanzen ausgetrieben haben und 5 cm groß sind, schneiden Sie überschüssige Triebe weg. So können die stehengebliebenen 30 cm groß werden. Die abgeschnittenen können separat eingesetzt werden.

2 Entfernen oder neu einsetzen

BELIEBTE SORTEN

- ‚*Bright Lights*'
Rippen in Regenbogenfarben

- ‚*Grün mit weißem Stiel*'
mit fleischigen Rippen

- ‚*Grün mit rotem Stiel*'
Blätter und Stiel in Karminrot

- ‚*Schnittmangold*'
wird wie Spinat verwendet

Die Stiele werden vom Sommer bis zum Winteranfang geerntet. Dabei werden sie Stiel für Stiel einzeln ganz unten abgeschnitten. Entfernen Sie die blattreichen Teile, so dass nur die Blattstiele in der Mitte stehen bleiben.

3 Ernten

4 Genießen

Die Stiele isst man zu gedünstetem oder gebratenem Fleisch mit einer Soße oder als Gratin. Sie halten sich einige Tage im Gemüsefach des Kühlschranks.

Aussaat   Ernte

| J | F | M | A | M | J | J | A | S | O | N | D |

Rote Beete

Die Rote Beete wird direkt im Beet ausgesät. Sie ist ein Leckerbissen in herbstlichen oder winterlichen Salaten. Sie passt auch gut zu Feldsalat. Rote Beete gibt es in runder oder länglicher Form, sie schmeckt leicht süßlich und kann roh, gerieben oder gekocht verzehrt werden.

Beta vulgaris
(Fuchsschwanzgewächse)

frisch, locker

sonniger Standort

steinige oder trockene Böden

Raubnematoden, Rübenfliege, Wurzelfäulnis, Rost

EIN KLEINER TIPP

„Damit die Rote Beete nicht auszehrt, sollte sie nicht blühen. Gießen Sie sie im Sommer regelmäßig, wenn es heiß und trocken ist. In diesem Klima gedeihen sie besonders gut."

1 Vorbereiten, aussäen

IN DER KÜCHE

• *Reich an Vitamin A, B, C, E, PP, an Eisen, Natrium, Magnesium, Kalzium und seltenen Mineralstoffen wie Rubidium, das verdauungsförderlich ist.*

• *Vorzugsweise verzehrt man die Rote Beete roh, damit ihre Nährstoffe erhalten bleiben.*

Wenn Sie den Boden gut aufgelockert, Unkraut und Steine entfernt, Wurzeln zerkleinert haben, ebnen Sie den Boden. Spannen Sie dann eine Schnur und säen Sie an dieser entlang die Samen in eine 1 cm tiefe Rinne aus. Der Abstand zwischen den Reihen sollte 40 cm betragen.

Bedecken Sie die Samen, indem Sie mit einem Rechen Erde darauf verteilen. Drücken Sie den Boden mit dem Rücken des Rechens fest, damit die Samen guten Kontakt zur Erde haben. Gießen Sie mit einem sehr dünnen Strahl, damit die Samen nicht ausgewaschen werden. Innerhalb von ein bis zwei Wochen beginnen sie zu keimen.

2 Erde festklopfen, gießen

3 Ausdünnen, umsetzen

Wenn die Pflanzen etwa 5 cm hoch sind, dünnen Sie sie aus und achten Sie auf einen Abstand von 20 cm zwischen den Pflanzen. Die herausgenommenen Pflanzen können Sie an anderer Stelle neu einsetzen.

> **GUT ZU WISSEN:**
> Rote Beete mögen zwar die Nachbarschaft zu Knollengemüse, aber nicht zu Kartoffeln, Karotten und Lauch.

4 Ernten, lagern

Die erste Ernte findet schon im Juli statt und geht dann bis zum ersten Frost. Man zieht sie an den Wurzeln aus der Erde oder nimmt eine Pflanzgabel zu Hilfe. Zum Saisonende kann man die Rote Beete fast den ganzen Winter lang lagern, am besten, indem man sie im Keller mit Sand oder Torf bedeckt.

Kardone

Sie ist eine Verwandte der Artischocke, von der sie sich durch große gezackte Blätter mit stacheligem Rand unterscheidet. Die Kardone kann über mehrere Jahre an derselben Stelle gehalten werden, wenn man sie im Winter vor Kälte schützt. Ihre Blattstiele sind blanchiert genießbar.

tief, nährstoffreich

sonniger Standort

zu trockener Boden im Sommer

Käfer, Blattlaus, Mehltau

GUT ZU WISSEN: Kardonen werden selten von Schädlingen befallen. Tragen Sie zwischen April und September regelmäßig Dünger auf.

1 Säen

Man kann schon im Mai mit der Aussaat im Beet beginnen, aber um widerstandsfähigere Pflanzen zu erhalten, ist es besser, sie im April in Töpfen vorzuziehen. Säen Sie die Samen in Humuserde und stellen Sie die Töpfe in ein kleines Gewächshaus.

Cynara cardunculus (Korbblütler)

EIN KLEINER TIPP

99*Damit die Blätter genug Licht bekommen und Luft zirkulieren kann, setzen Sie die Pflanzen nicht zu dicht. Andernfalls kann es vor allem in sehr feuchten Herbstmonaten zu Schimmelbefall kommen.* 66

IN DER KÜCHE

• *Man verzehrt die Rippen der Kardone gekocht, weil sie roh sehr bitter schmecken. Sie sind reich an Vitamin B und C.*

• *Dieses Gemüse passt gekocht, gebraten oder als Gratin in einer hellen Soße gut zu Fleisch.*

2 Das Beet vorbereiten

Wenn die jungen Pflanzen drei oder vier Blätter haben, setzen Sie sie ins Beet. Graben Sie ein Pflanzloch und setzen Sie die Pflanze vorsichtig hinein. Achten Sie darauf, dass die Wurzeln in feuchter Erde stehen.

3 Pflanzen

⬆ Legen Sie Parzellen für die Kardone an und tragen Sie gut durchsetzten organischen Dünger auf, denn die Kardone lieben es nährstoffreich. Graben Sie den Boden gut 20 cm tief um.

4 Gießen

DEKORATIV

Setzen Sie mit Kardonen mit ihren silbrigen Blättern Akzente in ihren Blumenbeeten. Pflanzen Sie ein oder zwei Stauden zwischen einjährige Pflanzen. Aber Vorsicht: Sie brauchen viel Platz, um sich auszubreiten. Rechnen Sie eine Pflanze je Quadratmeter.

⬅ Lassen Sie den Kardonen mindestens 1 bis 1,50 m Platz. Drücken Sie mit den Fingern die Erde um die jungen Pflanzen fest. Beenden Sie das Einpflanzen mit mehrmaligem Gießen.

Im Herbst werden die Blätter geerntet. Vorher sollten sie von der Sonne gebleicht worden sein, damit sie zarter werden. Heben Sie sie dafür an und binden Sie sie zusammen. Legen Sie anschließend Stroh, Pappe oder Packpapier um sie herum.

5 Ausbleichen lassen

6 Ernten

Lassen Sie die Blätter zwei bis drei Wochen in der Sonne stehen. Überprüfen Sie, wie weit sie ausgeblichen sind, indem Sie unter die Abdeckung schauen. Entfernen Sie sie dann ab und schneiden Sie die Stiele unten ab.

7 Schützen

In milderen Regionen können Sie die Kardonen im Beet überwintern. Bedecken Sie die Erde mit einem etwa 20 cm dicken Strohbett. Man kann sie auch aus dem Beet nehmen und in einem mit Sand gefüllten Behälter im Keller überwintern.

BELIEBTE SORTEN

- *‚Plein Blanc Inerme race Blanco'*
ohne Stacheln, dicke Stiele

- *‚Grüne Kardone aus Vaulx-au-Velin race Verdi'*
dünne Stiele, nicht kälteempfindlich

- *‚Épineux Argenté de Plainpalais'*
intensiver Geschmack

Daucus carotta
(Doldenblütler)

EIN KLEINER TIPP

,, *Beschleunigen Sie den Keimungsprozess der Karottensamen, indem Sie sie eine Nacht in lauwarmes Wasser legen. Säen Sie sie anschließend sofort aus, damit sie nicht trocknen. Befeuchten Sie die Rinne, bevor Sie die Samen hineingeben.* ''

IN DER KÜCHE

• Die Karotte ist in der Küche ein viel verwendetes Gemüse. Sie enthält das Provitamin A und die Vitamine B9 und C.

• Man verzehrt sie sowohl roh als auch gekocht und sie kann auf vielfältige Weise zubereitet werden, sogar als Marmelade!

Aussaat   Ernte

| J | F | M | A | M | J | J | A | S | O | N | D |

Karotte

Sie wird praktisch das ganze Jahr über angebaut. Als bäuerliches Gemüse gehört sie zu den leicht kultivierbaren Sorten und ist auch bei Anfängern sehr beliebt. Frisch geerntet oder eingemacht – genießen Sie sie!

Nährstoff-reich, leicht

sonniger Standort

steinige Böden, Staunässe

Möhrenfliege, Nematoden, Milben, Mehltau

> GUT ZU WISSEN: Die Karotte schätzt die Nachbarschaft von Blattsalat, Radieschen, Lauch und Erbsen, aber nicht von Roter Beete.

Bereiten Sie den Boden auf einer Tiefe von 25 bis 30 cm vor. Entfernen Sie Kiesel und andere Fremdkörper, die die Karotten zerschneiden könnten. Arbeiten Sie ein Schädlingsmittel gegen Larven ein. Harken Sie die Erde und ziehen Sie dann eine Schnur, an der entlang Sie die Rinne anlegen.

1 Den Boden vorbereiten

2 Säen

Legen Sie mit einer Hacke eine 1 cm tiefe Rinne an. Der Abstand zwischen den Reihen sollte 25 cm betragen. Streuen Sie die Samen mit einem Sägerät oder direkt aus der Tüte aus.

IN ALLEN FARBEN

„Für uns ist die Karotte orange. Aber es gibt auch weiße, rote, gelbe oder violette Sorten. Dies sind oft alte Sorten, die wieder beliebter werden. **"**

Begradigen Sie die Ränder der Rinne mit einem Rechen, damit die Samen bedeckt und geschützt werden. Drücken Sie die Erde mit dem Rücken des Rechens etwas fest, damit die Samen Kontakt zur Erde haben.

3 Die Samen schützen

4 Gießen

Wässern Sie dann die Erde mehrmals, damit sie gut feucht wird – dadurch wird die Erde zusätzlich festgedrückt. Verwenden Sie für die Gießkanne einen Aufsatz für einen feinen Strahl, damit die Samen nicht ausgewaschen werden.

5 Ausdünnen

Innerhalb von zwei bis drei Wochen werden die Pflanzen ausgedünnt. Wenn sie 5 bis 6 cm hoch sind, dünnen Sie überschüssige Pflanzen aus, lassen Sie alle 10 cm eine Pflanze stehen. Achten Sie darauf, dass nur kräftige Pflanzen stehen bleiben.

BELIEBTE SORTEN

- *'Flyaway F1'*
für Frühkulturen

- *'Nantaise'*
alte Sorte, zylindrische, halb-lange Form

- *'Touchon'*
frühe Sorte, halb-lange Form

- *'De Colmar à Cœur Rouge'*
wird im Herbst geerntet, sehr lang

- *'Pariser Markt'*
rund und süßlich, Mini-Sorte

Rechnen Sie drei bis sechs Monate bis zur ersten Ernte, je nach Sorte und Anbauregion. Ernten Sie ganz nach Bedarf und nehmen Sie zuerst die großen Karotten, die Sie mit der Hand herausziehen können.

6 Ernten

7 Zur Lagerung vorbereiten

Am Ende des Herbstes können die Wintersorten für die Lagerung geerntet werden. Graben Sie sie mit einer Gartengabel aus und lassen Sie die Wurzeln einige Stunden trocknen, bevor Sie sie einholen.

ORIGINAL

Weil die Karotte für einen schönen Teint zu sorgen scheint und die Sehkraft verbessert, nehmen wir sie in vielen Gerichten zu uns: in Flan, Kuchen, Sorbet, Saft, Cocktail. Für kulinarische Ideen gibt es keine Grenzen!

Hier werden Karotten in einer mit Sand gefüllten Kiste im Keller gelagert, licht- und frostgeschützt. In mildem Winter kann man sie draußen lassen und mit etwas Stroh oder verwelkten Blättern abdecken.

8 Lagern

Staudensellerie

Staudensellerie oder Stangensellerie gehört zum Blattgemüse. Roh oder gekocht verleiht es Gerichten einen wunderbaren Geschmack. Man verzehrt die Rippen, die man vorher auch blanchieren kann, damit sie etwas weicher werden.

Nährstoffreich, frisch	sonniger oder halbschattiger Standort	kalkhaltige Böden, Staunässe	Selleriefliege, Schnecken, Milben, Rost

Apuim graveolens var. dulce (Doldenblütler)

GUT ZU WISSEN: Staudensellerie gedeiht gut in Nachbarschaft zu Lauch, sollte aber von Kartoffeln und Petersilie ferngehalten werden.

1 Säen, pflanzen

Die Aussaat geschieht in Pflanzkästen, in einem kleinen Gewächshaus. Nach zwei Monaten kann man die Pflanzen ins Beet setzen, in einen frisch aufbereiteten Boden. Graben Sie mit einem Pflanzstock ein Loch und setzen Sie den zuvor gut gewässerten Wurzelballen hinein.

EIN KLEINER TIPP

"Um zu testen, ob Sellerie verzehrt werden kann, nehmen Sie vor dem Blanchieren ein Stück zwischen Daumen und Zeigefinger und drehen Sie ihn ein wenig: er sollte glatt durchbrechen."

IN DER KÜCHE

• Staudensellerie ist harntreibend, belebend und gilt als Wurmmittel. Er ist kalorienarm. Zudem schreibt man ihm eine aphrodisierende Wirkung zu.

• Das Herz verzehrt man auch zum Aperitif.

Setzen Sie alle 30 cm eine Pflanze. Klopfen Sie mit den Fingerspitzen die Erde um die junge Pflanze fest und gießen Sie sie gut. Jäten Sie das Beet während der Wachstumszeit immer wieder und gießen Sie es sehr regelmäßig.

2 Gießen, pflegen

3 Bleichen

Damit die Rippen zarter und weniger bitter werden, bleichen Sie sie: Heben Sie die Blätter an und binden Sie sie zusammen oder decken Sie sie mit Pappe ab. Lassen Sie die oberen Blätter dabei unbedeckt.

Schneiden Sie das Band ab oder entfernen Sie die Pappe, um zu sehen, ob die Rippen ausgebleicht sind. Schneiden Sie die Blätter unten mit einem Messer ab. Entfernen Sie die Blätter und bewahren Sie nur die fleischigen Rippen auf.

BELIEBTE SORTEN

- ‚Géant doré amélioré'
von Natur aus hell

- ‚Elne'
dicke Rippen

4 Ernten

Knollensellerie

Er ist mit dem Staudensellerie verwandt und hat an seiner Basis eine große Verdickung, den essbaren Teil dieses Gemüses. Man kann ihn den ganzen Winter über lagern. Seine Aufzucht gehört zu den einfachsten.

nährstoffreich und frisch

sonniger Standort

steinige Böden, Staunässe

Selleriefliege, Schnecken, Blattflecken-krankheit

GUT ZU WISSEN: Knollensellerie mag zwar nicht die Nachbarschaft zu Blattsalat, dafür aber zu Kartoffeln und Feldsalat.

1 Säen

Säen Sie die Samen von Februar bis April in Vorziehtöpfchen im Warmen. Wenn die jungen Pflanzen zwei oder drei Blätter gebildet haben, topfen Sie sie in Töpfe um, damit sie kräftiger werden.

Apium graveolons var. rapaceum (Doldenblütler)

EIN KLEINER TIPP

„Knollensellerie widersteht dem ersten Frost. Sie können ihn längere Zeit im Beet lassen. In der Kälte entwickelt sich sein Aroma gut."

IN DER KÜCHE

• Knollensellerie verzehrt man roh, geraspelt, mit kleinen Apfelstückchen, oder gekocht, als Püree oder in einem Eintopf. Er ist reich an Mineralstoffen.

• Reiben Sie die Wurzel nach der Ernte mit Zitrone ein, damit sie nicht dunkel wird.

WENIG KALORIEN

„Knollensellerie ist kalorienarm (18 kcal pro 100 g) und daher für Diäten geeignet. Außer wenn man es mit Remoulade oder mit viel Öl verzehrt."

Wenn sich der Boden erwärmt hat, bereiten Sie ihn etwa 25 cm tief auf. Entfernen Sie Steine, die Wurzeln am Wachstum hindern können. Harken und begradigen Sie den Boden, spannen Sie dann eine Schnur und pflanzen Sie die Pflanzen in einer Reihe ein.

2 Boden vorbereiten

3 Pflanzen

Graben Sie mit einem Pflanzstock ein Loch, in das Sie die Pflanze setzen wollen. Achten Sie darauf, dass der Wurzelballen feucht ist. Ist er zu trocken, tauchen Sie ihn in einen Wassereimer. Setzen Sie alle 30 cm eine Pflanze.

GUT ZU WISSEN:
Bei einer Tagung, die 2004 in Polen abgehalten wurde, wurde bekannt, dass Knollensellerie und Lauch besonders gut gedeihen, wenn man sie in einem Beet anpflanzt. Warum probieren Sie das nicht in Ihrem Gemüsegarten aus?

Häufen Sie Erde um den Wurzelballen an und drücken Sie sie mit den Fingerspitzen fest. Gießen Sie mehrmals, damit die Erde fest wird.

4 Festdrücken, gießen

Gießen Sie während der Wachstumszeit regelmäßig und halten Sie das Beet stets feucht, vor allem, wenn es sehr trocken ist. Wenn Sie Stroh um die Pflanzen legen, halten Sie den Boden frisch und sauber.

5 Pflegen

6 Ernten

Wenn die Knollen gut ausgeformt sind, können Sie sie ernten. Ziehen Sie sie nicht an der Pflanze heraus, sondern nehmen Sie eine Schaufel oder eine Pflanzgabel zur Hilfe, damit sie nicht beschädigt werden.

7 Lagern

BELIEBTE SORTEN

- *,Niva'*
dicke Wurzeln, weißes Fruchtfleisch

- *,Monarch'*
resistent gegen Blattfleckenkrankheit

- *,Rowena'*
lässt sich gut lagern

- *,Prinz'*
frühzeitige Ernte

Knollensellerie kann den ganzen Winter gelagert werden. Warten Sie bis zum Ende des Herbstes, bis Sie ihn ernten. Schneiden Sie die oberen Blätter und die Haare an den kleinen Wurzeln ab. Legen Sie sie im Keller dann in Sand.

Cichorium endivia (Korbblütler)

EIN KLEINER TIPP

„Die Blätter der Endivie können bitter schmecken und ziemlich hart sein. Um das zu vermeiden, gießen Sie sie im Sommer regelmäßig.**"**

IN DER KÜCHE

• Die Endivie hat einen hohen Nährwert, sie besteht größtenteils aus Wasser (zu 95 %). Sie enthält viele Vitamine und Mineralstoffe.

• Man verzehrt sie roh, als Salat oder gekocht, als Fleischbeilage.

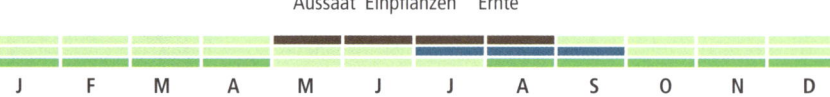

Aussaat Einpflanzen Ernte

J F M A M J J A S O N D

Endivie

Endivie verzehrt man im Herbst und Winter. Abgesehen von der Sorte ‚Witloof', die für dieses Buch am genauesten untersucht wurde, gibt es drei Familien: die Blattzichorien, wie etwa den Zuckerhutsalat, den Endiviensalat mit gewellten Blättern und den Friséesalat mit gekräuselten Blättern. Alle werden auf die gleiche Art angebaut.

gemeiner Boden, vorzugsweise frisch

sonniger bis halb-schattiger Standort

Staunässe

Schnecken, Weinbergschnecken, Bodenwürmer, Blattrandbrand

GUT ZU WISSEN: Er gedeiht in der Nähe vieler Gemüsesorten, außer in der Nachbarschaft von Kohl. Nur den Blumenkohl mag er, er wird auch zur gleichen Zeit geerntet.

1 Boden vorbereiten

Damit der Boden, in den Sie die Endivie setzen wollen, gut durchlüftet und aufgelockert ist, graben Sie ihn 20 bis 25 cm tief um. Entfernen Sie Kiesel und Wurzeln von Unkraut. Hacken Sie die Erde durch und zerkleinern Sie dabei Wurzeln, begradigen Sie den Boden.

2 Säen

Die Aussaat erfolgt in einer Reihe. Ziehen sie dafür mit einer Hacke an einer Schnur entlang eine Rinne. Eine Tiefe von 1 cm reicht aus. Wenn Sie mehrere Reihen anlegen, lassen Sie 30 cm Abstand dazwischen. Streuen Sie die Samen auf den Boden der Rinne. Bedecken Sie sie mit Erde, klopfen Sie sie fest und gießen Sie sie mit einem dünnen Strahl.

Wenn die Pflanzen vier oder fünf Blätter gebildet haben, dünnt man sie innerhalb von vier oder fünf Tagen aus. Dafür nimmt man überschüssige Blätter ab und lässt alle 25 bis 30 cm eine Pflanze stehen. Die schönsten von den herausgenommenen kann man wieder neu einsetzen.

3 Ausdünnen

BELIEBTE SORTEN

- **Blattzichorien**
- ‚*Zuckerhutsalat*'
länglicher Kopf
- ‚*Kapuzinerbart*'
dünne Blätter, zum Blanchieren geeignet
- ‚*Radicchio Roter von Verona*'
kleine rubinrote Kugel

- **Endiviensalate**
- ‚*Cornet de Bordeaux*'
knackige Blätter
- ‚*Géante Maraîchère*'
sehr großer Salatkopf mit weißem Herz
- ‚*Ronde Verte à Cœur Plein*'
dicke Blätter

- **Friséesalate**
- ‚*Fine de Louviers*'
fein gekräuselte Blätter
- ‚*De Ruffec*'
sehr widerstandsfähig gegen Kälte
- ‚*Wallonne*'
sehr voluminös

Wenn Sie die Samen nicht aussäen können, können Sie ganz einfach vorgezogene Pflanzen in Kästen kaufen. Bevor Sie sie einsetzen, ist es wichtig zu überprüfen, dass die Wurzelballen feucht sind. Wenn sie trocken sind, gießen Sie die Kästen oder tauchen Sie die Wurzelballen für einige Augenblicke in Wasser.

4 Wässern

5 Einsetzen

Bereiten Sie den Boden wie zum Aussäen vor und ziehen Sie eine Schnur, damit die Endivien in einer Reihe wachsen. Bohren Sie mit einem Pflanzstock ein Loch, in das Sie die Pflanzen setzen. Bedecken Sie die Wurzeln mit Erde und drücken Sie sie mit den Fingerspitzen fest. Lassen Sie zwischen den Pflanzen 25 bis 30 cm Platz.

Endivie kann mehrere Monate im Beet bleiben, die meisten Sorten sind im Winter kälteresistent. Gießen Sie sie während der Aufzucht im Sommer gut und harken Sie das Beet regelmäßig, damit sich im Boden kein Unkraut ausbreitet.

6 Pflegen

WEISSER BART

"Die Wurzeln der Sorte „Chicorée Sauvage Améliorée", der wie Endivie angebaut wird, bildet verkümmerte, schmale Blätter, die „Kapuzinerbart" genannt werden. Das ist ein hervorragender Wintersalat."

7 Bleichen

Endivien- und Friséesalat haben harte Blätter, die man durch bleichen weich machen kann. Dafür reicht es, einen Eimer oder einen Topf über den Salat zu stülpen oder die Blätter mit einer Schnur zusammenzubinden. Machen Sie das etwa 20 Tage vor der Ernte und achten Sie darauf, dass die Blätter trocken sind.

GUT ZU WISSEN:
In Nordeuropa verwendet man Zichorie auch als Kaffeeersatz. Man gewinnt ihn, indem die Zichorienwurzeln nach der Ernte in einem Druckluftverfahren getrocknet und anschließend geröstet werden.

8 Ernten

Wenn das Salatherz hell ist, ernten Sie den Salat, indem Sie den Strunk knapp über dem Boden mit einem Messer abschneiden. Die äußeren Blätter sind für einen Salat oft zu hart, aber man kann sie gut kochen, wenn Sie der bittere Geschmack nicht stört. Man kann den Salat nach der Ernte nur ein paar Tage aufbewahren.

Brassica oleracea var. italica (Kreuzblütler)

EIN KLEINER TIPP

" *Wo der Brokkoli gut überwintert, kann er nach der ersten Ernte noch einmal nachwachsen.* **"**

IN DER KÜCHE

• *Reich an Vitamin B9, C, E und K, sowie an Kalzium, Schwefel, Magnesium, Kalium. Er enthält sekundäre Pflanzenstoffe und Karotin.*

• *Man verzehrt ihn vorzugsweise geschmort oder gratiniert, nachdem er in kochendem Wasser blanchiert worden ist, aber auch roh.*

Aussaat Einpflanzen Ernte

| J | F | M | A | M | J | J | A | S | O | N | D |

Brokkoli

Die kleinen, von Blättern umgebenen Kohlröschen sind ein südeuropäisches Gemüse. Aber es kann in allen Gärten gezüchtet werden. In milderen Regionen kann die Ernte bis zum folgenden Frühjahr gehen.

nährstoffreich, aufgelockert

sonniger bis halbschattiger Standort

kompakte und feuchte Böden

Fliege, Motte, Kohlweißling, Keimlingskrankheit, Milben

GUT ZU WISSEN: Wenn die Pflanzen noch sehr jung sind, legen Sie Schneckenköder ins Beet.

1 Den Boden vorbereiten

⬆ Damit der Boden gut vorbereitet und gelockert ist, bearbeiten Sie ihn auf einer Tiefe von etwa 20 cm. Entfernen Sie Kiesel und Wurzeln von Unkraut. Harken Sie die Erde und zerkleinern Sie dabei die Wurzeln. Harken Sie das Beet sorgfältig.

HEILENDE WIRKUNG

„Dem Brokkoli schreibt man zahlreiche heilende Wirkungen zu. Er soll hervorragend gegen Stress und Blutarmut sein und seine Antioxydantien wirken gegen freie Radikale und giftige Substanzen im Körper."

Die Aussaat kann zum Ende des Frühjahrs erfolgen. Spannen Sie dafür eine Schnur und ziehen Sie eine 1 bis 2 cm tiefe Rinne. Streuen Sie die Samen hinein und bedecken Sie sie mit Erde. Klopfen Sie sie fest und gießen Sie in einem feinen Strahl.

2 In einer Reihe aussäen

3 Pikieren oder einpflanzen

Wenn die Pflanzen drei oder vier Blätter haben, dünnen Sie sie aus, damit jede eine Höhe von 60 cm erreichen kann. Um den Verlust zu begrenzen, ist es oft einfacher, vorgezogene Jungpflanzen zu kaufen. Weichen Sie den Wurzelballen vor dem Einpflanzen in Wasser ein.

4 Die Pflanzung vorbereiten

MATHEMATIK:
Der Romanesco ähnelt in seiner Form kleinen, spiralförmig angeordneten Pyramiden. Das Verhältnis zwischen den im Uhrzeigersinn wachsenden Spiralen und jenen, die gegen den Uhrzeigersinn wachsen, entspricht dem »Goldenen Schnitt«, der in der Architektur eine große Rolle spielt.

Wenn Sie eine Pflanze in einem Pflanztopf gekauft haben, nehmen Sie sie vorsichtig heraus. Achten Sie darauf, die Wurzeln nicht zu beschädigen. Falls nötig, schneiden Sie die Wurzeln ab, wenn Sie am Topf festkleben. Lösen Sie die einzelnen Wurzelballen nach und nach mit den Händen heraus.

Damit die Pflanzen in einer Reihe wachsen, spannen Sie eine Schnur und graben Sie an dieser entlang alle 60 cm mit einem Pflanzstock ein Loch. Setzen Sie die Pflanze ein und bedecken Sie sie gut mit Erde, damit sie festen Halt hat.

5 Einpflanzen

6 Festdrücken, gießen

Drücken Sie die Erde fest, damit keine Luftlöcher entstehen und die Wurzeln guten Kontakt zur Erde haben. Gießen Sie mehrmals am Fuß der Pflanze, bis die Erde feucht ist. Dadurch wird sie auch noch einmal festgedrückt.

BELIEBTE SORTEN

- ‚Claudia'
frühe Sorte

- ‚Besonders frühe aus Angers'
Ernte bis in den Juni des
Folgejahres

- ‚Green Duke'
grüner Kopf

- ‚Romanesco'
grün-gelber,
pyramidenförmiger Kopf

Die Ernte kleiner Köpfe findet von Beginn des Herbstes an statt, wenn sie schön geformt und geschlossen sind. Ernten Sie sie nach und nach, ganz nach Bedarf. Er wächst noch mehrere Monate lang nach.

7 Ernten

Rosenkohl

Die kleinen, köstlichen Köpfchen, die zwischen Blättern wachsen, benötigen viel Platz, denn sie breiten sich schnell aus. Sie vertragen Kälte gut und wachsen bis weit in den Winter hinein nach.

nährstoffreich und frisch

sonniger Standort

saure Böden

Käfer, Kohlweißling, Blattlaus, Schildlaus, Keimlingskrankheit

GUT ZU WISSEN: Ringelblumen in der Nähe von Rosenkohl halten Schädlinge fern.

Man kann Rosenkohl gleich ins Beet aussäen, aber besser ist eine geschützte Anzucht in Töpfen. Geben Sie eine Kiesschicht auf den Boden des Pflanzgefäßes, damit eine Drainage entsteht. Bedecken Sie sie mit Erde.

1 Pflanzgefäß vorbereiten

2 Säen

Verteilen Sie die Samen mit einem Sägerät auf der Erdoberfläche. Lassen Sie Platz zwischen den Samen, damit sie sich nicht beim Keimen gegenseitig einengen. Bedecken Sie sie mit 1 bis 2 mm Erde und drücken Sie sie fest.

Brassica oleracea var. gemmifera (Kreuzblütler)

EIN KLEINER TIPP

„*Wenn Sie keinen Platz für die Anzucht haben, kaufen Sie vorgezogene Pflanzen. So sparen Sie Zeit und erleichtern sich die Aufzucht. Verwenden Sie nicht zu stickstoffhaltigen Dünger.*"

IN DER KÜCHE

• *Der Rosenkohl wirkt harntreibend, ist sehr reich an Ballaststoffen und Vitamin C.*

• *Man verzehrt ihn gekocht, vorzugsweise dampfgegart, damit er seinen vollen Geschmack bewahrt. Man kann ihn auch dünsten.*

Drücken Sie mit einem Holzbrettchen die Erde fest, damit die Samen fest darin sitzen. Bewässern Sie mit einem sehr dünnen Strahl, am besten mit einem Zerstäuber, damit die Samen nicht wieder freigelegt werden.

3 Festdrücken, gießen

4 Den Boden vorbereiten

Wenn sich die Pflanzen gut entwickelt haben, können Sie sie ins Beet setzen. Bearbeiten Sie den Boden auf einer Tiefe von gut 20 cm und entfernen Sie Kiesel und Wurzeln von Unkraut. Begradigen Sie ihn mit einem Rechen.

BELIEBTE SORTEN

- ‚Content'
runde, geschlossene Röschen

- ‚Diablo'
hybrid F1, frühe Ernte

- ‚Dominator'
wird bis in den März geerntet

- ‚Jade Cross'
frühe, reichhaltige Ernte

- ‚Sanda'
kälteresistent

5 Aufteilen

Rosenkohl wird schnell bis zu 1 m hoch. Damit er sich problemlos entwickeln kann, lassen Sie einen Abstand von 50 cm zwischen den Pflanzen. Spannen Sie eine Schnur und nehmen Sie ein Stöckchen zu Hilfe, damit Sie die Pflanzen gleichmäßig setzen können.

GUTER RAT

„Ein Rosenkohlstrunk kann bis zu 75 kleine Röschen tragen. Durch das hohe Gewicht kann der bis zu 1 m hohe Strunk leicht abbrechen. Um das zu verhindern, ist eine Stütze sehr hilfreich.“

Wenn Sie sich vergewissert haben, dass der Wurzelballen feucht ist, graben Sie mit einem Pflanzstock ein Loch und setzen Sie die Pflanze hinein. Bedecken Sie die Pflanze bis zu den untersten Blättern mit Erde. Drücken Sie die Erde um die Pflanze herum fest und gießen Sie sie an deren Fuß.

6 Einpflanzen

7 Pflegen

Während der Wachstumszeit müssen die Pflanzen gepflegt werden. Harken Sie das Beet und beseitigen Sie Unkraut. Entfernen Sie überflüssiges Kraut, das durch die Wasserzufuhr im Sommer gewachsen ist. Behandeln Sie den Rosenkohl mit Bacillus thuringiensis gegen Insekten.

8 Ernten

VERZEHR:
Vorzugsweise verzehrt man die kleinen Röschen, die zwischen den Blättern wachsen. Man erntet von unten nach oben. Man kann aber auch die Blätter verzehren, die die obere Krone des Strunks bilden.

Vier oder fünf Monate nach dem Pflanzen kann die Ernte beginnen. Pflücken Sie von Hand, indem Sie je nach Bedarf die Röschen einzeln vom Strunk abnehmen. Man kann sie nur ein paar Tage lagern.

Brassica oleracea var. botrytis (Kreuzblütler)

EIN KLEINER TIPP

„Damit die Köpfe geschützt und schön hell werden, binden Sie die Blätter mit einer Schnur um den Kopf, ohne sie jedoch dabei einzuschnüren."

IN DER KÜCHE

• Blumenkohl hält sich einen Monat im Gemüsefach des Kühlschranks. Sie können ihn auch einfrieren, nachdem Sie ihn unter dem Wasserstrahl gereinigt haben.

• Blumenkohl ist reich an Ballaststoffen, Vitamin C und Kalium.

Aussaat Einpflanzen Ernte

| J | F | M | A | M | J | J | A | S | O | N | D |

Blumenkohl

Blumenkohl benötigt wie alle Kohlsorten viele Nährstoffe und muss daher gedüngt werden. Geben Sie ihm daher eine gute Portion Dünger. Dann wird er große weiße Köpfe tragen, die Sie vom Beginn des Sommers bis in die Mitte des Winters genießen können.

nährstoffreich, tief

halb-schattiger Standort

volle Sonne und trockener Boden

Kohlweißling, Blattlaus, Käfer, Rost, Milben

GUT ZU WISSEN: Setzen Sie Endiviensalat zwischen die Blumenkohlreihen. Das sieht hübsch aus und verhindert das Ausbreiten von Unkraut.

1 Aussaat im Warmen

Säen Sie die Samen in einem kleinen Gewächshaus in Pflanzgefäßen aus, dann können Sie schon im Juni mit der Ernte beginnen. Setzen Sie sie unter einem Glasdach oder Kunststofffolie im März / April um. Lassen Sie einen Abstand von 60 cm zwischen den Pflanzen.

BOTANISCHE FAKTEN

„ Zwar bildet auch der Brokkoli Blüten, doch der weiße Kopf des Blumenkohls ist in Wirklichkeit nur ein Deckblatt, das, wenn man es nicht erntet, weiter wächst und weiße oder gelbe Blüten hervorbringt. "

2 Säen im Gewächshaus

Man kann den Blumenkohl im Herbst und Winter ernten, wenn man ihn im April / Mai unter einem Glasdach ausgesät hat. Einen Monat nach der Aussaat können Sie die jungen Pflanzen in das Beet umsetzen. Dabei sollte er mit dem Wurzelballen eingesetzt werden.

Arbeiten Sie organischen, gut durchsetzten Dünger in das vorbereitete Beet ein, harken Sie den Boden, damit Wurzeln zerkleinert und der Boden begradigt werden. Entfernen Sie mit einem Rechen grobe Steine.

3 Den Boden vorbereiten

4 In einer Reihe

PRINZ DER BRETAGNE: Blumenkohl erhält oft diesen Beinamen, denn er ist eine Spezialität bretonischer Bauern (380.000 Tonnen!).
Dieser Beiname wird aber noch etwa 25 weiteren Gemüsesorten gegeben, von der Artischocke, über die Roscoff-Zwiebel bis hin zu Erdbeeren und Tomaten.

Wenn Sie die Pflanzen in einer Reihe setzen, erleichtert das Ihnen die Pflege. Lassen Sie einen Abstand von 70 cm zwischen den Reihen. Spannen Sie eine Schnur und setzen Sie an dieser entlang die Pflanzen mit einem Abstand von 60 cm ein.

Graben Sie mit einem Pflanzstock ein Loch in den frisch aufbereiteten Boden. Setzen Sie die Pflanze hinein und bedecken Sie sie bis zum Stängel hinauf mit Erde, damit sie guten Halt hat.

BELIEBTE SORTEN

- *'Clovis'*
hybrid F1, für die Winterernte

- *'Flora Blanca'*
runder Kopf, Ernte am Ende des Sommers

- *'Géant d'Automne Primus'*
späte Ernte

- *'Merveille de Toutes les Saisons'*
Ernte im Sommer und Herbst

- *'Violet'*
purpurfarbener Kopf, Ernte im Sommer

5 Einpflanzen

6 Gießen

Gießen Sie die Pflanze so, dass die Erde um den Stiel ein wenig ausgeschwemmt wird. Gießen Sie mehrfach, bis die Erde gut durchnässt ist. Dadurch wird der Boden fest und Luftblasen unter der Erde können entweichen.

Drei bis vier Monate nach der Aussaat, wenn die Kohlköpfe schön geformt sind, können Sie mit der Ernte des Blumenkohls beginnen. Schneiden Sie ihn unten am Stängel ab und entfernen Sie die äußeren Blätter. Reißen Sie den übrigen Fuß aus dem Boden heraus.

7 Ernten

Aussaat Einpflanzen Ernte

| J | F | M | A | M | J | J | A | S | O | N | D |

Kohlkopf

Die beiden bekanntesten Sorten sind der Wirsing und der Weißkohl mit ihren großen Köpfen und geschlossenen Blättern. Die des ersten sind grün, gekräuselt und haben ein waffelartiges Muster. Die Blätter des zweiten sind glatt und grün. Aber auch der Rotkohl ist sehr verbreitet.

nährstoffreich, tief, aufgelockert

sonniger Standort

zu warmer Standort, trockene Böden in der Tiefe

Schnecke, Fliege, Käfer, Kohlweißling, Blattlaus, Rost, Milben

Brassica oleracea var. capitata (Weißkohl), var. bullata (Wirsing) (Kreuzblütler)

GUT ZU WISSEN: Um die Attacken des Kohlweißlings abzumildern, pflanzen Sie ein paar Minzebüschel in die Nähe des Kohls, deren Duft den Schädling abhält.

Säen Sie in einem kleinen Gewächshaus die Samen in ein Pflanzgefäß, damit Sie im Juni mit der Ernte beginnen können. Einen Monat später werden die Pflanzen unter einem Glasdach oder einer Kunststoffplane umgesetzt. Im Mai wird der Schutz entfernt.

1 Im Warmen aussäen

2 Mit einem Sägerät aussäen

Säen Sie in frisch aufbereitete Erde im April / Mai oder August / September aus, damit Sie im Herbst und Winter, sogar bis in das Frühjahr des Folgejahres ernten können. Verteilen Sie den Samen zufällig oder gleichmäßig in einer Reihe.

EIN KLEINER TIPP

„Beim Kochen riecht Kohl oft stark nach Schwefel. Um diesen Geruch zu vermindern, bedecken Sie den Kochtopf mit einem in Weinessig getränkten Küchenhandtuch."

IN DER KÜCHE

• Kohl ist reich an Vitamin C, Schwefel und Kalium.

• Man verzehrt ihn roh, als Salat, oder auf die verschiedenste Weise gekocht; meist wird er zuvor blanchiert. Man kann ihn auch füllen.

BELIEBTE SORTEN

• **Wirsing**

- *‚Cœur de Bœuf Moyen de la Halle'*
Ernte im Frühjahr und Sommer

- *‚Quintal d'Alsace'*
Ernte im Herbst und Winter

- *‚Tête de Pierre'*
Ernte von Frühjahr bis Herbst

- *‚Très hâtif de Louviers'*
Ernte im Frühjahr und Sommer

• **Weiß- und Rotkohl**

- *‚D'Aubervilliers'*
Ernte im Herbst und zu Beginn des Winters

- *‚Gros des Vertus'*
Ernte im Herbst und zu Beginn des Winters

- *‚Hiversa'*
Ernte im Winter und zu Beginn des Frühjahrs

- *‚Tête Noire'*
Rotkohl, Herbst und Winter

 Im Gewächshaus können die Samen schon zwei Monate, bevor man Sie ins Freilandbeet setzen kann, ausgesät werden. Pikieren Sie die Pflanzen, wenn sie drei Blätter haben, das kräftigt sie. Versetzen Sie sie mit einem Ballen um die Wurzeln, wenn möglich.

3 Pflanzen umsetzen

Sie können in Ihrer Gärtnerei auch vorgezogene Pflanzen in Kästen kaufen. Achten Sie vor dem Einpflanzen darauf, dass der Wurzelballen feucht ist. Tauchen Sie ihn bei Bedarf in Wasser.

4 Den Boden vorbereiten

Bereiten Sie den Boden gut 20 cm tief vor, geben Sie organischen, gut durchsetzten Dünger dorthin, wo der Kohl wachsen soll. Bearbeiten Sie den Boden mit Harke und Rechen, um Wurzeln zu zerkleinern und die Erde zu begradigen.

5 Die Pflanze vorbereiten

GUTER RAT

„Der römische Staatsmann und Schriftsteller Cato, der im 3. / 2. Jh. v. Chr. lebte, riet dazu, vor einem großen Mahl einige rohe Kohlblätter mit Essig zu essen.“

Kohlköpfe werden in einer Reihe gesetzt. Spannen Sie dafür eine Schnur und setzen Sie die Pflanzen in einem Abstand von 50 cm. Wenn Sie mehrere Reihen anlegen, halten Sie einen Abstand von 50 cm und setzen Sie immer fünf Pflanzen nebeneinander.

6 In einer Reihe pflanzen

CHINAKOHL:
Pe-Tsai ist ein Kohl der köstlichen asiatischen Küche. Seine Form ist langgezogen, aber es gibt ihn wie die anderen Kohlsorten auch in runder Form.

7 Pflanzen

Graben Sie ein Loch und setzen Sie die Pflanze hinein. Bedecken Sie sie bis zu den ersten Blättern am Stängel mit Erde. Drücken Sie die Erde mit den Händen fest und gießen Sie mehrfach.

Gießen Sie während der Wachstumsphase regelmäßig, damit der Boden frisch und feucht bleibt. Installieren Sie bei Bedarf einen Rasensprenger. Harken Sie das Beet, um Unkraut zu entfernen und den Unterboden zu belüften. Achten Sie auf Schädlinge.

8 Pflegen

9 Ernten

Wenn die Köpfe gut geschlossen sind, können Sie sie ernten. Schneiden Sie einfach den Strunk unten am Kopf ab und reißen Sie den Rest aus dem Boden heraus. Der Kohl kann einige Wochen im kühlen, gut belüfteten Keller auf einem Gitter gelagert werden.

Brassica oleracea var. gongylodes (Kreuzblütler)

IN DER KÜCHE

• Kohlrabi enthält viel Vitamin B6 und C. Außerdem enthält es Phosphor, Magnesium, Kalium und Kupfer.

• Man isst ihn roh, geraspelt, gekocht in Ragout, gebraten, gebacken oder im Eintopf.

Aussaat Einpflanzen Ernte

J	F	M	A	M	J	J	A	S	O	N	D

Kohlrabi

Anders als man meinen könnte, verzehrt man nicht die Wurzel dieses Kohls, sondern den fleischigen Strunk, der wie eine Kugel geformt ist. Die Blätter sind für die Küche uninteressant.

nährstoffreich, tief, aufgelockert

sonniger Standort

Wärme, trockene Böden

Kohlweißling, Fliege, Motten, Keimlingskrankheit, Milben

GUT ZU WISSEN: Man hat festgestellt, dass Bohnen, Erdbeeren und Tomaten das Wachstum von Kohlrabi einschränken. Alle diese Gemüsesorten sollte man nicht in seiner Nähe einpflanzen.

1 Im Gewächshaus säen

⬆ Verteilen Sie für die frühe Aussaat die Samen im Gewächshaus auf gemischter Erde, indem Sie sie frei ausstreuen oder in eine Reihe setzen. Säen Sie nicht zu dicht, denn die Pflanzen brauchen Platz. Bedecken Sie die Samen mit feiner Erde.

Vier bis sechs Wochen nach der Aussaat, wenn die Pflanzen vier oder fünf Blätter haben, setzen Sie sie ins Freibeet um. Bereiten Sie den Boden etwa 20 cm tief vor und bringen Sie gut durchsetzten, organischen Dünger auf. Harken und rechen Sie.

2 Den Boden vorbereiten

3 Pflanzen

Setzen Sie die Pflanzen im Gewächshaus ein oder besorgen Sie sich vorgezogene Pflanzen in Ihrer Gärtnerei. Graben Sie an einer Schnur entlang mit einem Pflanzstock ein Loch und setzen Sie den Kohl hinein. Drücken Sie die Erde mit den Händen fest. Gießen Sie mehrmals.

4 Ernten

BELIEBTE SORTEN

- ‚Azur Star'
dunkelblau, hält sich lange

- ‚Wiener Kohlrabi'
weiße Knolle,
fein im Geschmack

- ‚Quickstar'
grüne Blätter, sehr früh

Die Ernte findet drei bis vier Monate nach der Aussaat statt, wenn die Kohlrabi etwa 20 cm Durchmesser haben. Sie können sie den ganzen Winter hindurch im Keller in Sand lagern. Die Blätter und Wurzeln sollten sie zuvor entfernen.

Cucumis sativus
(Kürbisgewächse)

EIN KLEINER TIPP

„Werfen Sie nach der Ernte die Stängel nicht auf den Kompost, denn sie können Mehltau verbreiten. Verbrennen Sie sie, um die Verbreitung des Mehltaus zu verhindern."

IN DER KÜCHE

• Die Salatgurke enthält Kalzium, Eisen und Vitamine. Gewürzgurken bestehen vor allem aus Wasser.

• Die Salatgurke verzehrt man vor allem als Salat. Gewürzgurken werden zum Würzen verwendet. Wenn sie sehr groß sind, kann man sie wie Salatgurken essen, aber sie haben oft Kerne mit einem bitteren Geschmack.

Aussaat   Einpflanzen   Ernte

| J | F | M | A | M | J | J | A | S | O | N | D |

Salatgurke und Gewürzgurke

Salatgurke und Gewürzgurke sind miteinander verwandt, sie werden auf dieselbe Weise angebaut und haben dieselben Bedürfnisse. Da sie sich auf dem Boden ausbreiten, ist eine Rankhilfe sehr nützlich. Die Ernte ist dann auch sehr leicht.

humos, tief | sonniger Standort | durchweichter Boden, Staunässe | Blattlaus, Milben, Anthraknose, Mehltau, Gurkenmosaik-Virus

GUT ZU WISSEN: Die Nähe zu Kartoffeln und Tomaten wirkt sich eher ungünstig auf die Ernte aus.

Säen Sie für eine frühe Ernte ab Juli die Samen in Töpfchen an einem geschützten Ort aus. Man kann auch im Freiland aussäen, aber in der Wärme vorgezogene Pflanzen sind widerstandsfähiger.

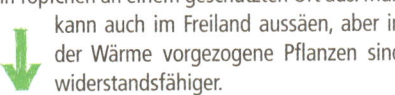

1 Im Warmen aussäen

2 Pflanzen aufrichten

Die Keimung erfolgt schnell und die Pflanzen können schon einen Monat nach der Aussaat pikiert werden. Drehen Sie die Pflanzgefäße immer in Richtung des Lichtes, damit die Pflanzen aufrecht wachsen. Andernfalls biegen sie sich nach unten und verkümmern.

Lassen Sie Gurken an einer Rankhilfe klettern. Es gibt Holzstäbe, die wie ein Indianerzelt zusammengesteckt werden, grobmaschige Metallgitter oder –netze oder in die Erde gesteckte Rankhilfen aus Ästen.

3 Rankhilfe aufstellen

Nachdem Sie den Boden vorbereitet haben, setzen Sie die Pflanzen hinein. Vergewissern Sie sich, dass die Wurzelballen gut feucht sind.

Graben Sie mit einem Pflanzstock ein Loch und setzen Sie die Pflanze hinein. Bedecken Sie sie bis zu den ersten Blättern mit Erde.

4 Pflanzen

5 Erde festklopfen, gießen

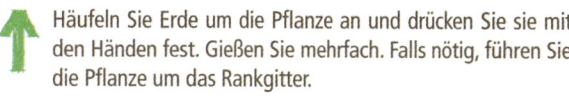

Häufeln Sie Erde um die Pflanze an und drücken Sie sie mit den Händen fest. Gießen Sie mehrfach. Falls nötig, führen Sie die Pflanze um das Rankgitter.

Schneiden Sie immer wieder Triebe ab, damit die Gurken kräftig werden. Schneiden Sie den Haupttrieb oberhalb des vierten Blattes, ebenso die Seitentriebe, so dass nur drei Blätter stehen bleiben.

6 Schneiden

7 Gewürzgurken ernten

Etwa drei Monate nach der Aussaat können die ersten Gewürzgurken geerntet werden. Knipsen Sie die Blütenstiele mit den Fingerspitzen ab oder drehen Sie sie ab. Legen Sie sie in Weißweinessig ein.

BELIEBTE SORTEN

• **Salatgurke**

- *'Breso'*
frühe Ernte, längliche Form

- *'Gynial'*
reiche Ernte, lang

- *'Le Généreux'*
reiche Ernte, längliche Form

• **Gewürzgurke**

- *'Parigyno'*
bleibt in Essig eingelegt knackig

- *'Vert Petit de Paris'*
sehr kleine Gürkchen

- *'Pépito'*
frühe Ernte

8 Salatgurken ernten

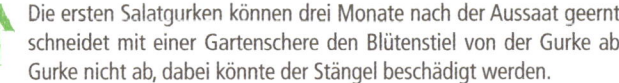

Die ersten Salatgurken können drei Monate nach der Aussaat geerntet werden. Man schneidet mit einer Gartenschere den Blütenstiel von der Gurke ab. Reißen Sie die Gurke nicht ab, dabei könnte der Stängel beschädigt werden.

Einpflanzen   Ernte

| J | F | M | A | M | J | J | A | S | O | N | D |

Zucchini

Diese Pflanze breitet sich stark aus und braucht viel Platz. Die männlichen Blüten sind gefüllt oder frittiert genießbar. Die weiblichen Blüten, die man an ihrem wulstigen Stiel erkennt, bringen längliche oder runde Früchte hervor.

nährstoffreich, aufgelockert

sonniger Standort

durchweichter Boden

Blattlaus, Milben, Mehltau, Gurkenmosaik-Virus

GUT ZU WISSEN: Verbrennen Sie am Ende der Saison Stängel und Blätter, die Mehltau übertragen könnten. So verhindern Sie, dass sich dieser Pilz weiter ausbreitet.

Cucurbita pepo (Kürbisgewächse)

IN DER KÜCHE

• Zucchini sind sehr kalorienarm (15 kcal / 100 g) und bestehen vor allem aus Wasser (95 %). Dabei enthalten sie Vitamine, Mineralstoffe und Spurenelemente.

• Man isst sie wie Gurken roh oder gekocht, frittiert, gefüllt, im Eintopf…

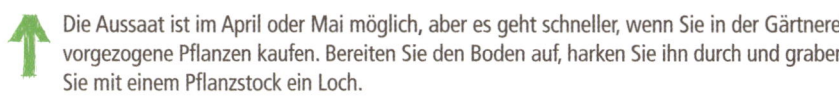

1 Einpflanzen

Die Aussaat ist im April oder Mai möglich, aber es geht schneller, wenn Sie in der Gärtnerei vorgezogene Pflanzen kaufen. Bereiten Sie den Boden auf, harken Sie ihn durch und graben Sie mit einem Pflanzstock ein Loch.

Setzen Sie den Wurzelballen in das Pflanzloch und bedecken Sie ihn bis zu den unteren Blättern mit Erde. Drücken Sie die Erde rundherum fest und gießen Sie sie mehrfach. Streuen Sie Sägemehl zur Schneckenabwehr um die Pflanze.

2 Schützen

3 Feucht halten

Zucchini mögen frischen Boden. Geben Sie Stroh auf die Erde, damit die Feuchtigkeit gespeichert und zugleich der Wuchs von Unkraut eingedämmt wird. Gießen Sie im Sommer regelmäßig, aber verschonen Sie die Blätter mit Wasser.

BELIEBTE SORTEN

- *‚Aurore'*
frühzeitige Ernte, weißes Fruchtfleisch

- *‚Belor'*
sehr ergiebig

- *‚De Nice à Fruits Ronds'*
zum Füllen

- *‚Orélia'*
gelbe Früchte

4 Ernten

Die erste Ernte findet im Juli statt. Schneiden Sie mit einem Messer oder einer Gartenschere den Blütenstiel der Früchte ab, wenn er etwa 15 cm lang ist. Achtung, er hat Stacheln. Man kann alle zwei bis drei Tage ernten.

 Einpflanzen Ernte

J	F	M	A	M	J	J	A	S	O	N	D

Schalotten

Verwandt mit den Zwiebeln, fürchten diese zum Würzen verwendeten Knollen schwere und feuchte Böden, in denen sie verkümmern. Nehmen Sie für die Vorratshaltung lieber Zwiebeln, die größer als die grauen Schalotten sind, weil sie nicht so stark riechen.

locker, sandig

sonniger Standort

feuchte und frisch gedüngte Böden

Zwiebelfliege, Schimmel, Milben

> *GUT ZU WISSEN: Pflanzen Sie Zwiebeln aus der vergangenen Ernte nicht neu ein. Kaufen Sie lieber neue, die garantiert frei von Befall sind.*

Allium ascalonicum
(Liliengewächse)

IN DER KÜCHE

• *Beim Verzehr von Schalotten werden Vitamine, Mineralstoffe und Selen, ein wichtiges Spurenelement, das gegen Herzerkrankungen wirkt, aufgenommen. Schalotten stärken zudem das Immunsystem.*

• *Man verzehrt sie roh oder gekocht, in Salaten und Soßen.*

1 Den Boden vorbereiten

Bereiten Sie in milderen Regionen im Herbst und sonst zu Winterende den Boden etwa 20 cm tief vor. Entfernen Sie Steine und Wurzeln von Unkraut. Harken Sie die Erde und zerkleinern Sie dabei Wurzeln. Begradigen Sie den Boden. Ziehen Sie dann an einer gespannten Schnur entlang Rinnen mit einem Abstand von 30 cm zueinander.

Verteilen Sie die Zwiebeln mit einem Abstand von 15 cm auf dem Boden der Rinne. Nehmen Sie sie zwischen Daumen, Zeigefinger und Mittelfinger und drücken Sie sie in die Erde hinein. Die Spitze der Zwiebel sollte noch herausragen. Gießen Sie dann etwas.

2 Pflanzen

3 Ernten

Im Süden können die Schalotten im April / Mai, ansonsten im Sommer geerntet werden. Ziehen Sie sie vorsichtig mit der Hand heraus oder nehmen Sie eine Gartengabel oder eine Schaufel zur Hilfe.

BELIEBTE SORTEN

- **‚Ambition'**
weißes Fruchtfleisch, lange Haltbarkeit

- **‚Cuisse de Poulet'**
pupurrotes Fruchtfleisch, längliche Form

- **‚De Jersey'**
rund, rosafarbenes Fruchtfleisch

- **‚Grise ordinaire'**
graues Fruchtfleisch, längliche Form

4 Lagern

Lassen Sie die Zwiebeln einen Tag auf dem Boden liegen und holen Sie sie dann in einen trockenen, gut belüfteten und frostfreien Raum. Flechten Sie aus den getrockneten Blättern Zöpfe. Sie können sie aufhängen oder auch die Zwiebeln damit reinigen, bevor Sie sie in Kisten legen.

J	F	M	A	M	J	J	A	S	O	N	D

■ Aussaat ■ Ernte der Wurzeln ■ Ernte des Gemüses

Chicorée

Chicorée wird nach der Aufzucht im Beet noch an einem lichtgeschützten Ort weiter gezogen, damit die weißen Früchte reifen, die später verzehrt werden.

nährstoffreich, kompakt

sonniger Standort

steiniger, nährstoffarmer Boden

Fliege, Raubnematoden, Blattlaus, Sclerotinia-Fäule, Mehltau

> GUT ZU WISSEN: Chicorée wird auch ‚Witloof' genannt. Der Name kommt aus dem Flämischen, wo er soviel wie ‚weißes Blatt" bedeutet. Der Begriff ‚Chicorée' leitet sich von ‚Cichorium' ab.

Bereiten Sie im Frühjahr den Boden etwa 30 cm tief vor und entfernen Sie Steine, die sonst die Wurzeln zerstören könnten. Harken und begradigen Sie den Boden, spannen Sie eine Schnur, damit Sie die Samen in einer graden Reihe aussetzen können.

1 Den Boden vorbereiten

2 Säen

Ziehen Sie mit einer Harke oder einem Rechen eine 1 cm tiefe Rinne. Geben Sie die Samen in regelmäßigen Abständen auf den Boden. Bedecken Sie sie mit der Erde vom Rand und drücken Sie sie mit dem Rücken des Rechens fest.

Cichorium endiva (Korbblütler)

EIN KLEINER TIPP

„Für eine gleichmäßige Produktion sollten Sie nicht alle Pflanzen auf einmal herausnehmen. Warten Sie etwa zwei bis drei Wochen bis zur Vorbereitung der nächsten Pflanzen.**"**

IN DER KÜCHE

• Reich an Vitamin B9, kalorienarm.

• Man verzehrt ihn roh, als Salat, im Dampf gegart oder gedünstet. Man kann ihn auch in Schinken einwickeln und mit einer hellen Soße gratinieren.

Gießen Sie das Beet mit einem dünnen Strahl. Etwa drei Wochen später haben die Pflanzen drei Blätter. Dünnen Sie die Pflanzen aus und lassen Sie alle 20 cm eine Pflanze stehen. Während der Wachstumszeit muss das Beet immer wieder aufgelockert, gejätet und gegossen werden.

3 Gießen, ausdünnen

BITTERKEIT:

Lagern Sie Chicorée an einem dunklen Ort, damit die Blätter nicht grün und bitter werden. Sie können die natürlichen Bitterstoffe auch reduzieren, indem Sie unten am Strunk ein kegelförmiges Stück herausschneiden.

4 Wurzeln ernten

Ernten Sie ab Oktober die Wurzeln des Chicorées. Verwenden Sie dafür eine Pflanzgabel, um sie nicht zu beschädigen. Lassen Sie sie zwei oder drei Tage auf dem Beet trocknen oder auch auf Holzbrettern, falls das Wetter zu nass ist.

BELIEBTE SORTEN

- **'Béa'**
kann ohne Abdeckung im Beet gezogen werden

- **'Rubima'**
rötlicher Chicorée

- **'Vilmorin n°5'**
dichte und feste Köpfe

- **'Zoom'**
hybrid F1, schmeckt roh sehr gut

5 Wurzeln umhüllen

Schneiden Sie mit einem Messer oder einer Gartenschere die Blätter 2 bis 3 cm oberhalb des Halses ab. Kürzen Sie dann die Wurzeln und bewahren Sie etwa 20 cm davon auf. Entfernen Sie auch die seitlichen Wurzeln.

ZUFÄLLIG ENTDECKT

„ Der Legende nach wollte Monsieur Brezier, Chef der Botanischen Gärten in Brüssel, einen Teil seiner Aufzucht vor Importhändlern verstecken und legte daher einige Chicoréewurzeln in seinem Keller unter etwas Erde. Wie groß war seine Überraschung, als er einige Tage später helle Sprossen aus der Erde ragen sah… "

Befüllen Sie eine Pflanzkiste mit einer Mischung aus Erde und Sand oder Torf. In milden Regionen kann man die Sprossen auch direkt in der Erde züchten.

6 Vorbereitung für das Ausbleichen

GUT ZU WISSEN: Es ist wichtig, dass kein Licht an den Chicorée gelangt, damit er nicht grün wird.

7 Die Wurzeln einsetzen

Drücken Sie dann die Wurzeln dicht nebeneinander in die Erde. Achten Sie darauf, dass sie die gleiche Höhe haben. Bedecken Sie sie mit einer 10 bis 15 cm dicken Schicht feiner Erde. Gießen Sie sie, damit die Wurzeln guten Kontakt zur Erde haben.

Wenn Sie diesen zweiten Teil der Anzucht draußen in einer Kiste oder im Beet vornehmen, bedecken Sie alles mit trockenem Stroh, bei Bedarf zusätzlich mit Strohmatten oder Holzbrettern, damit der Chicorée gut vor Frost geschützt ist.

8 Vor Frost schützen

9 Ernten

Etwa sechs Wochen, nachdem die Wurzeln in die Kiste gesetzt wurden, ist der Chicorée ungefähr 20 cm groß und reif. Ernten Sie ihn mit einem Messer. Die Wurzeln können Sie in der Erde belassen, es wachsen dann kleine Chicorées nach.

Spinat

Spinat wurde durch Popeye und dessen Kräfte populär. Er kann gleichermaßen im Frühjahr und im Herbst ausgesät werden. Seine Aufzucht ist ganz leicht.

Spinacia oleracea
(Fuchsschwanzgewächse)

nährstoffreich, feucht

halb-schattiger Standort

saurer Boden, zu viel Wärme

Schnecken, Weinbergschnecken, Milben, Gurkenmosaik-Virus

GUT ZU WISSEN: Säen Sie Spinat nicht im Hochsommer, er würde zu schossen beginnen.

EIN KLEINER TIPP

„Ersetzen Sie die Spinatsamen, die man nicht im Sommer aussäen sollte, gegen Neuseeländer Spinat, der im Geschmack dem herkömmlichen Spinat stark ähnelt. "

IN DER KÜCHE

• Spinat ist reich an Vitamin B9, das Gedächtnisverlust im Alter entgegenwirkt. Er enthält aber auch Oxalidsäure, die man bei Nierenleiden nicht zu sich nehmen sollte.

• Spinat verzehrt man roh, als Salat, oder gekocht.

1 Säen

 Wenn Sie den Boden aufbereitet und gut durchsetzten, organischen Dünger eingearbeitet haben, harken und begradigen Sie ihn. Spannen Sie eine Schnur und ziehen Sie an ihr entlang eine 1 cm tiefe Rinne. Verteilen Sie die Samen darin.

Verteilen Sie die Erde vom Rand der Rinne darüber und klopfen Sie sie mit dem Rücken des Rechens fest. Gießen Sie mit einem dünnen Strahl, damit die Samen nicht wieder ausgeschwemmt werden. Halten Sie den Boden die Wachstumszeit über feucht. Dünnen Sie die Pflanzen aus, wenn Sie zu dicht gesät haben.

2 Pflegen

3 Einpflanzen

Man kann in Regionen mit langen, kalten Wintern die Samen auch in Pflanztöpfen vorziehen und sie aussetzen, wenn sie fünf oder sechs Blätter haben. Lassen Sie 10 bis 15 cm Platz zwischen den Pflanzen.

4 Ernten

Etwa zwei Monate nach der Aussaat kann der Spinat geerntet werden. Schneiden Sie die Blattstiele ganz nach Bedarf mit einem Messer oder einer Gartenschere ab und ernten Sie zuerst die äußeren Blätter.

BELIEBTE SORTEN

- *,Winterriese'*
große, grüne Blätter

- *,Junius'*
für die Aussaat im Frühjahr

- *,Monstrueux de Viroflay'*
große, grüne Blätter

- *,Parys'*
gegen Krankheiten resistent

Fenchel

Dieses Gemüse verbreitet einen köstlichen Anis-Geruch. Seine Knolle verzehrt man roh oder gekocht. Das luftige Fenchelgrün passt gut zu gegrilltem Fisch. Man kann es auch trocknen und einige Zeit aufbewahren.

*Foeniculum dulce
(Doldengewächse)*

 leicht, humos

 sonniger Standort

 durchweichter Boden

 Blattlaus, Schnecke

GUT ZU WISSEN: Pflanzen Sie Fenchel in die Nähe von Bohnen und Kohl. Er hält Käfer und Fliegen fern.

EIN KLEINER TIPP

„Für dicke, geschlossene Knollen sollten Sie den Fenchel nicht in schwerer und kalter Erde mit Nordausrichtung anbauen."

IN DER KÜCHE

• *Fenchel ist reich an Vitamin A, B, B9, C und E. Er enthält Kalium, Kalzium und Karotin.*

• *Man verzehrt die Knolle roh, im Salat, gekocht oder gedünstet. Das frische oder getrocknete Fenchelgrün ist in Soßen oder zu Fisch sehr aromatisch.*

1 Säen

 Ziehen Sie mit einer Hacke in den zuvor umgegrabenen und aufgelockerten Boden an einer Schnur entlang eine 1 cm tiefe Rinne. Verteilen Sie die Samen darin.

Decken Sie die Rinne wieder mit Erde zu, klopfen Sie sie mit dem Rücken des Rechens fest. Gießen Sie mit einem dünnen Strahl, damit die Samen nicht ausgeschwemmt werden. Wenn die Pflanzen 10 cm hoch sind, dünnen Sie sie aus, so dass 30 cm Platz zwischen ihnen ist.

2 Festklopfen, gießen

3 Anhäufeln

Drei Monate nach der Aussaat ist die Pflanze ziemlich groß geworden. Häufeln Sie etwa 2 Wochen vor der Ernte Erde um die Pflanze an. Formen Sie einen kleinen, etwa 20 cm hohen Erdhügel.

4 Ernten

Nehmen Sie ganz nach Bedarf die weiße Fenchelknolle mit einer Gartengabel aus der Erde. Am Saisonende kann man die Zwiebeln ausgraben und im Keller in Torf überwintern.

BELIEBTE SORTEN

- ‚*Doux de Florence*'
große, geschlossene Knollen

- ‚*Rudy*'
hybrid, sehr hell

- ‚*Zefa Fino*'
frühe Ernte

„*Ihre Fenchelknollen werden sehr hell, wenn Sie die Erde je nach Bedarf und Entwicklungsstand auf 20 cm anhäufeln.*"

Vicia faba
(Hülsenfrüchtler)

• Die Ackerbohne ist reich an Vitamin B und C, an Kohlenhydraten und enthält auch Kalium, Magnesium und Kalzium.

• Roh verzehrt, regt sie die Darmfunktionen an. Gekocht enthält sie viele Proteine.

Ackerbohne

Diese Pflanze kann Stickstoff im Boden verwandeln, sie ist aber auch eine Freundin von Blattläusen, die sich auf ihren Blättern wohlfühlen. Die Samen kann man roh oder gekocht essen, als Beilagengemüse oder in einem Eintopf.

tief, frisch	sonniger Standort	saurer Boden	Blattlaus, Fransenflügler, Rost, Milben

GUT ZU WISSEN: Die Ackerbohne „opfert" sich für andere Pflanzen auf, denn sie nimmt alle Blattläuse auf, von denen die anderen dann verschont bleiben.

 Säen

Lockern Sie den Boden etwa 20 cm tief auf. Harken und begradigen Sie ihn und spannen dann eine Schnur, an der entlang Sie eine 5 cm tiefe Rinne ziehen. Geben Sie die Samen mit einem Abstand von 10 cm zueinander hinein.

Decken Sie die Rinne wieder mit der Erde zu und drücken Sie sie mit dem Rücken des Rechens oder einem Holzbrett fest. Gießen Sie mit einem feinen Strahl. Halten Sie den Boden während der Wachstumsphase stets feucht.

2 Festdrücken, gießen

BELIEBTE SORTEN

- ‚Aguadulce'
frühe Ernte, 8 bis 9 Samen pro Schote

- ‚Séville'
frühe Ernte, 6 bis 7 Samen pro Schote

- ‚Dreifach Weiße'
weiße Samen

Wenn die ersten Blüten entstehen, knipsen Sie die äußeren Triebe oberhalb des sechsten oder siebten Triebes ab, damit die Schoten kräftig und nicht so stark von Läusen befallen werden.

3 Pflegen

4 Ernten

Ernten Sie drei Monate nach der Aussaat nach und nach die Schoten. Pflücken Sie sie, wenn Sie grün und gerade reif und gut geformt sind. Ernten Sie zuerst die untern Bohnen.

Fragaria spp. (Rosengewächse)

EIN KLEINER TIPP

„Ernten Sie Erdbeeren vorzugsweise am Vormittag, wenn sie schön duften. Ziehen Sie sie nicht heraus, sondern knipsen Sie den Blütenstiel mit den Fingern ab oder schneiden Sie sie mit einer Schere."

IN DER KÜCHE

• Erdbeeren haben mehr Vitamin C als Orangen und enthalten viele Mineralstoffe.

• Man verzehrt sie pur, zu Marmelade eingekocht, in Eis, Püree und Kompott oder auch in Gebäck.

Erdbeere

Die Erdbeere ist eher ein Obst als ein Gemüse, wird aber in vielen Gemüsegärten angebaut. Es gibt verschiedene Typen Erdbeeren und nahezu 600 unterschiedliche Sorten. Wenn Sie mehrere anbauen, haben Sie viel Freude und zahlreiche Genüsse...

 nährstoffreich, locker

 sonniger Standort

 trockener und kalkhaltiger Boden

 rote Spinne, Blattlaus, Milben, Rost, Grauschimmelfäule, Anthraknose, Pflanzenvirus

GUT ZU WISSEN: Die Gabe von zu viel Stickstoffdünger ruft Grauschimmelfäule hervor.

Da die Erdbeere mehrere Jahre am gleichen Ort angebaut werden kann, ist es besonders wichtig, den Boden vor der Pflanzung gut vorzubereiten. Graben Sie ihn 30 cm tief um und arbeiten Sie gut durchsetzten, organischen Dünger ein.

1 Den Boden vorbereiten

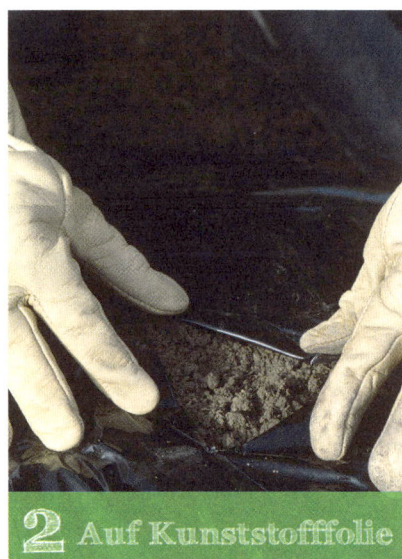

2 Auf Kunststofffolie

Pflanzen Sie Erdbeeren auf schwarzer Kunststofffolie und beugen Sie damit dem Ausbreiten von Unkraut und Eindringen von zu viel Feuchtigkeit aus dem Boden vor. Breiten Sie sie auf dem Boden aus und schneiden Sie Löcher für die Pflanzen hinein.

Wenn Sie in Ihrer Gärtnerei vorgezogene Pflanzen gekauft haben, achten Sie darauf, dass der Wurzelballen gut feucht ist. Tauchen Sie ihn eventuell noch einmal für einige Minuten in einen Wassereimer. Nehmen Sie ihn dann vorsichtig aus dem Pflanzgefäß.

3 Die Pflanze vorbereiten

4 Einpflanzen

Graben Sie mit einem Pflanzstock das Pflanzloch und achten Sie darauf, dass der Wurzelballen nicht beschädigt wird. Setzen Sie die Pflanze bis zum Stielansatz hinein und bedecken Sie sie rundherum mit Erde.

5 Festdrücken, gießen

Drücken Sie mit den Händen die Erde um die Pflanze herum fest, damit keine Luft im Boden bleibt. Gießen Sie anschließend mehrmals, bis der Boden feucht ist. Legen Sie die Folie um die Pflanze herum.

BELIEBTE SORTEN

- *'Favette'*
frühe Ernte im Süden

- *'Gariguette'*
einmal tragend,
hervorragendes Aroma

- *'Mara'*
Aroma einer Walderdbeere

- *'Pajaro'*
sehr große Früchte

- *'Reine des Vallées'*
kleine Früchte bis zum Frost

- *'Suprême'*
trägt viermal

BRETONISCH?

„Der bretonische Ort Plougastel ist dafür bekannt geworden, dass dort im 18. Jahrhundert erstmals die aus Amerika stammenden Erdbeeren angepflanzt wurden. Heute werden Erdbeeren in vielen Regionen Europas gezüchtet.“

Man kann Erdbeeren auch selber vermehren, vorausgesetzt, sie sind frei von jeglicher Krankheit. Teilen Sie den Wurzelballen oder entnehmen Sie einzelne Ausläufer. Pflanzen Sie sie ein.

6 Teilen

GUT ZU WISSEN: Die Erdbeere, die wir essen, ist eigentlich keine Frucht. Sie besteht aus beachtlichem Fleisch mit kleinen, harten Körnchen auf der Oberfläche. Dies sind die eigentlichen Früchte (Achäne).

7 Versorgen

Öffnen Sie mindestens einmal im Jahr die Folie und lockern Sie den Boden darunter auf. Bringen Sie dann biologischen Erdbeerdünger auf, harken ihn unter und schließen die Folie wieder.

Wenn die Erdbeeren im Frühjahr, Sommer oder / und Herbst – je nachdem, ob sie mehrfach tragen oder nicht – schön rot sind, pflücken Sie sie vorsichtig. Sie sollten sie jeden Tag kontrollieren.

8 Ernten

9 Genießen

Die Ernte zieht sich von Mai bis Oktober hin. Die frühen Sorten sind einmal einmaltragend. Sie haben große Früchte. Im Sommer und zu Herbstbeginn reifen die mehrmalstragenden, mit meist ebenfalls großen Früchten. Die Sorten, die viermal tragen, werden von Juni bis Oktober geerntet.

Gartenbohne

Es gibt zahlreiche Sorten an Gartenbohnen, dünne, hochwachsende, buschige... Sie gehören zu dem Gemüse, das ganz einfach anzubauen ist und daher auch für Anfänger oder Kinder geeignet ist.

 nährstoffreich, frisch

 sonniger Standort

 trockener, zu lockerer Bode

 Blattlaus, Samenkäfer, Anthraknose, Rost, Fettfleckenkrankheit, Bohnenmosaik-Virus

GUT ZU WISSEN: Die Nähe zu Zwiebeln, Knoblauch und Lauch beeinträchtigt das Wachstum der Bohnen. Halten Sie sie davon fern.

1 Den Boden vorbereiten

Bohnen brauchen einen tiefen Boden, graben Sie ihn daher gut 20 cm tief um. Harken Sie ihn durch, um Wurzeln zu zerkleinern, begradigen Sie ihn. Spannen Sie dann eine Schnur, an der entlang Sie sie dann aussäen.

Phaseolus vulgaris (Hülsenfrüchtler)

EIN KLEINER TIPP

99 *Streuen Sie die Samen im Abstand von zwei Wochen aus, um später von Juli bis zum ersten Frost regelmäßig ernten zu können. Tauchen Sie die Samen für drei oder vier Stunden in lauwarmes Wasser, um die Keimung zu beschleunigen.* 66

IN DER KÜCHE

• Gartenbohnen sind reich an Eisen und Kalzium und enthalten Vitamin B9 und C sowie das Provitamin A.

• Man verzehrt sie gekocht, als Salat oder Beilagengemüse.

Ziehen Sie mit einem Gartengerät an einer Schnur entlang eine 3 cm tiefe Rinne. Wenn Sie mehrere Reihen anlegen, lassen Sie dazwischen 50 cm Platz.

BELIEBTE SORTEN

Stangenbohnen

• Kernbohnen

- *‚Alaric'*
für einen Eintopf

- *‚Soissons Gros Blanc'*
frisch oder getrocknet
erhältlich

• Zuckerschoten

- *‚Fortex'*
sehr langgezogene Schoten

- *‚Merveille de Venise'*
gold-gelbliche Schoten

2 Eine Rinne ziehen

 Wenn die Erde sehr trocken ist, gießen Sie sie, bevor Sie die Samen nacheinander hineinlegen. Lassen Sie einen Abstand von 4 bis 5 cm zwischen den Samen. Ziehen Sie mit dem Rechen Erde darüber.

3 Säen

4 Festklopfen, gießen

Klopfen Sie mit dem Rücken des Rechens oder mit einem Holzbrett die Erde fest, damit die Samen gut darin sitzen. Gießen Sie dann mit einem sehr feinen Strahl, damit sie nicht wieder freigelegt werden.

Man kann genauso auch mit einer Harke einzelne Pflanzlöcher für die Samen graben. Geben Sie dann in jedes Loch drei oder vier Samen. Lassen Sie etwa 40 cm Platz zwischen den Pflanzlöchern.

5 In Pflanzlöcher säen

6 Abstützen

Bei Stangenbohnen ist es unerlässlich, bei der Aussaat Rankhilfen anzubringen, damit die Stängel daran hochklettern können. Sie können Stangen, gebogene Rankhilfen, Gitter oder einfache Äste dafür verwenden.

BELIEBTE SORTEN

Buschbohnen

• Kernbohnen

- ,*Coco Nain Blanc'*
frühe Ernte

- ,*Graindor'*
gelbe Samen

- ,*Soissons Nain à Gros Pied'*
große weiße Samen

• fadenlose Filetbohnen

- ,*Delinel'*
sehr verbreitet

- ,*Triomphe de Farcy'*
mittelfrühe Ernte

- ,*Vilbel'*
sehr lange Schoten

• Zuckerschoten

- ,*Améthyst'*
violette Schoten

- ,*Contender'*
ein Klassiker

- ,*Primel'*
frühe Ernte

• Wachsbohnen

- ,*De Rocquencourt'*
goldfarbene Schoten

- ,*Serpedor'*
flache Schoten

Damit die Stängel unter dem Gewicht der Schoten nicht am Boden entlang wachsen, häufeln Sie mit einem Rechen Erde um den Pflanzenfuß an und formen Sie einen kleinen Erdhügel, wenn die Pflanze etwa 15 cm hoch ist.

7 Erde anhäufeln

8 Ernten

Je nach Sorte erntet man die Bohnen zu unterschiedlichen Zeiten. Filetbohnen werden 2 bis 2½ Monate nach der Aussaat, Kernbohnen nach drei Monaten geerntet und Zuckerschoten, wenn sie 15 cm hoch sind.

ANEKDOTE:
Als Katharina von Medici nach Frankreich kam, um den zukünftigen König Heinrich II. zu heiraten, brachte sie die ersten Bohnensamen aus Italien mit. Zuerst wurden Bohnen in der Provence und im Languedoc angebaut und ergänzten in der französischen Küche dann die Ackerbohne, die bis heute ein Bestandteil des berühmten Cassoulets ist.

9 Genießen und einmachen

Die Ernte kann sich über einen guten Monat hinziehen, kontrollieren Sie daher zwei- bis dreimal in der Woche die Beete. Sie können die Bohnen frisch verzehren oder auch einfrieren oder einkochen. Die Samen werden getrocknet.

Aussaat Einpflanzen Ernte

J F M A M J J A S O N D

Blattsalat

Blattsalat kann das ganze Jahr über angebaut werden, wenn man in einem Gewächshaus sehr früh mit der Aussaat beginnt und die letzte Ernte unter Folie schützt. Batavia, Kopfsalat oder Romanasalat können Sie zu jeder Mahlzeit genießen.

 nährstoffreich und frisch

 sonniger oder halbschattiger Standort

 durchweichter Boden und zu viel Wärme

  Bodenwürmer, Schnecken, Blattlaus, Raupe, Maulwurfs-grille, Keimlings-krankheit, Grau-schimmelfäule, Milben, Mosaik-Virus

GUT ZU WISSEN: Anscheinend werden Radieschen in der Nachbarschaft von Blattsalat milder im Geschmack. Das liegt sicher auch daran, dass beide Gemüsesorten regelmäßig gegossen werden müssen.

1 Pflanzen vorbereiten

 Füllen Sie ab Februar, in milderen Regionen auch schon ab Januar, Plastik- oder Torftöpfchen mit fein gesiebter Anzuchterde. Drücken Sie sie leicht mit den Fingerspitzen fest.

Lactuca sativa (Korbblütler)

EIN KLEINER TIPP

„Pflanzen Sie nie mehr als etwa 20 Pflanzen gleichzeitig an. So können Sie die Ernte über das ganze Jahr hin strecken, insbesondere wenn Sie unterschiedliche Sorten anbauen.“

IN DER KÜCHE

• Blattsalate sind reich an Vitaminen, Kalzium und Magnesium und haben beruhigende Wirkung. Sie sind sehr kalorienarm und werden für Diäten empfohlen (aber ohne Soße!).

• Man verzehrt sie roh oder gekocht.

Verteilen Sie mit einem manuellen Sägerät die Samen auf die Töpfe. Säen Sie nicht zu viele aus. Bedecken Sie die Samen mit 1 mm feingesiebter Erde und drücken Sie sie mit den Fingerspitzen oder einem Holzbrett fest.

2 Säen

3 Frostgeschützt aufbewahren

Gießen Sie mit einem sehr dünnen Strahl, damit die Samen nicht ausgeschwemmt werden. Stellen Sie die Töpfe an einen geschützten Ort, in ein kleines Gewächshaus, wenn draußen noch Frost herrscht, oder ab März oder April unter ein frostgeschütztes Dach.

BELIEBTE SORTEN

• **Wintersalat**

- ,*Cambria'*
große Köpfe

- ,*Merveille d'Hiver'*
kälteresistent

• **große Salate**

- ,*Craquerelle du Midi'*
dicke Blätter

4 Im Beet aussäen

Ab Mai kann man auch im Freien aussäen. Ziehen Sie an einer Schnur entlang eine etwa 1 cm tiefe Rinne und geben Sie die Samen in die frisch aufgelockerte Erde. Bedecken Sie sie, klopfen Sie die Erde fest und gießen sie.

Wenn die Pflanzen drei oder vier Blätter haben, dünnen Sie sie aus, so dass zwischen den Pflanzen ein Abstand von 25 cm bleibt. Die herausgenommenen Pflanzen können, wenn sie kräftig sind, wieder an anderer Stelle eingesetzt werden.

5 Ausdünnen

Einen Monat nach der Aussaat im Topf werden die Pflanzen pikiert. Bereiten Sie den Boden vor und spannen Sie eine Schnur. Wenn die Pflanze nackte Wurzeln hat, graben Sie mit einem Pflanzstock ein Loch und lassen Sie sie hineingleiten, ohne dass die Wurzeln verdreht werden.

6 Pikieren

7 Schwebende Pflanze

Bedecken Sie die Pflanze nach dem Pikieren nicht mit zu viel Erde. Sie sollte „schweben", das heißt, der Ansatz sollte gerade an der Bodenoberfläche sein. Drücken Sie die Erde mit den Fingerspitzen um die Pflanze herum fest und gießen Sie sie, ohne sie dabei wieder freizulegen.

GUTER RAT

"Wenn der Salat eine Krankheit aufweist, ist es besser, ihn zu vernichten als zu behandeln. Denn die Krankheit könnte sich auf den Blättern festsetzen und den Geschmack und letztlich auch Ihr Wohlbefinden beeinträchtigen."

BELIEBTE SORTEN

• **Blattsalat**

- **'Brunia'**
lange, gezackte Blätter

- **'Feuille de Chêne Blonde'**
zarte, stark gezackte Blätter

- **'Red Salad Bowl'**
rote Blätter

• **Bataviasalat**

- **'Blonde à Bord Rouge'**
knackige Blätter

- **'Reine des Glaces'**
zarte Blätter

- **'Rouge Grenobloise'**
kälteunempfindlich

8 Mit Wurzelballen pflanzen

⬆ Sie können in einer Gärtnerei auch vorgezogene Pflanzen mit Wurzelballen kaufen. Graben Sie an einer Schnur entlang mit einem Pflanzstock Löcher und setzen Sie die Pflanze hinein. Lassen Sie einen Abstand von 25 bis 30 cm zwischen den Pflanzen. Drücken Sie die Erde fest und gießen Sie sie.

MYTHOLOGIE: *Hera, Gattin und Schwester des Zeus und Schutzgöttin der Frauen, gebar Hebe, Göttin der Jugend, nachdem sie Salat gegessen hatte. Daher schrieben die Griechen dem Salat die Eigenschaft zu, dass Frauen nach seinem Verzehr gebären konnten, ohne mit einem Mann zusammengekommen zu sein.*

⬇ Blattsalat wird direkt an Ort und Stelle an einer Schnur entlang in einem vorbereiteten Boden in eine 1 bis 2 cm tiefe Rinne ausgesät. Er wird nach Bedarf geerntet, indem man ganz einfach die Blätter unten an der Basis abschneidet.

9 Ohne Pikieren

10 Ernten

⬆ Wenn die Blätter einen schönen Kopf bilden, ernten Sie sie, indem Sie den Stiel kurz über dem Boden abschneiden. Sie können ihn dann noch drei bis vier Tage im Gemüsefach des Kühlschranks aufbewahren.

Aussaat   Ernte

J F M A M J J A S O N D

Feldsalat

Feldsalat ist ein Herbst- und Wintersalat und passt sehr gut zu Roter Beete. Er wird nach den ersten Ernten im Gemüsegarten ausgesät, wodurch man vermeiden kann, dass sich Unkraut ausbreitet.

nährstoffreich, aufgelockert

halbschattiger Standort

zu lockerer Boden

Schnecke, Weinbergschnecke, Mehltau, Rost, Milben

> **GUT ZU WISSEN:** Lassen Sie Feldsalat keine Samenkörner ausbilden, weil er sonst im Folgejahr zu stark wuchert.

1 Aussaat vorbereiten

⬆ Der Boden muss vor der Aussaat kaum bearbeitet werden, da der Feldsalat feste Erde braucht. Harken Sie nur die Oberfläche, um sie zu reinigen und etwas aufzulockern. Ziehen sie Rinnen und streuen Sie die Samen in einer Reihe hinein.

Valerianella locusta (Baldriangewächse)

IN DER KÜCHE

• Feldsalat ist kalorienarm, aber reich an Vitamin B9 und C sowie an Beta-Karotin und Omega 3. Er gilt als Anti-Stress-Salat.

• Man isst ihn vor allem roh, als Salat, aber man kann ihn auch wie Spinat kochen.

Die Tiefe der Rinne sollte etwa 1 cm betragen. Streuen Sie die Samen gleichmäßig hinein und bedecken Sie sie mit einem Rechen mit Erde. Klopfen Sie die Erde gut fest, damit die Samen Kontakt zum Boden haben.

2 Säen

3 Gießen, Ausdünnen

Gießen Sie mehrmals mit einem dünnen Strahl, damit die Samen nicht freigeschwemmt werden. Wenn die Pflanzen drei oder vier Blätter haben, dünnen Sie sie aus, so dass ein Abstand von 10 cm zwischen den Pflanzen bleibt.

BELIEBTE SORTEN

- ,*À Grosses Graines*'
für die frühe Ernte

- ,*Jade*'
längliche Blätter

- ,*Ronde Maraîchère*'
rundliche Blätter

- ,*Verte de Louviers*'
löffelförmige Blätter

4 Ernten

Die Ernte findet eineinhalb Monate nach der Aussaat statt, je nach Wachstumsverlauf. Schneiden Sie mit einem Messer Büschel knapp über dem Boden ab. Bedecken Sie den Feldsalat in kalten Wintern mit Stroh oder Vlies.

Melone

Süße Melonen werden gerne sowohl zur Vor- als auch zur Nachspeise verzehrt. In Südeuropa wird sie durchgängig angebaut, das ist im Gewächshaus auch im Norden möglich.

nährstoffreich und frisch

sonniger Standort

zu feuchter Boden

Blattlaus, Milben, Fransenflügler, Anthraknose, Mehltau, Gurkenmosaik-Virus, Fusariose

GUT ZU WISSEN: Bauen Sie Melonen nicht mehrere Jahre nacheinander an derselben Stelle an. Sie brauchen den ganzen Vorrat an Stickstoff und Kalium auf.

1 Im Topf aussäen

 Füllen Sie Plastik- oder Torftöpfe mit Anzuchterde und geben Sie drei oder vier Samenkörner hinein, drücken Sie sie mit den Fingerspitzen 2 cm tief in die Erde. Stellen Sie die Töpfe in ein kleines Gewächshaus.

Cucumis melo
(Kürbisgewächse)

EIN KLEINER TIPP

,,Pflanzen Sie in kühleren Gegenden Melonen auf Kunststofffolie. Sie isoliert ähnlich wie Stroh."

IN DER KÜCHE

• Melonen sind reich an Mineralstoffen (Kalzium, Magnesium, Kalium...), an dem Provitamin A und an Vitamin C.

• Man isst sie frisch, als Eis oder Saft.

Wenn nicht mehr mit Frost zu rechnen ist, bereiten Sie den Boden auf und arbeiten Sie gut durchsetzten, organischen Dünger ein. Harken Sie ihn und zerkleinern Sie dabei Wurzeln. Begradigen Sie den Boden, spannen Sie dann eine Schnur, an der entlang Sie die Pflanzen einsetzen.

2 Die Pflanzung vorbereiten

Graben Sie mit einem Pflanzstock alle 80 cm bis 1 m ein Loch, denn die Stängel der Melonen breiten sich sehr aus. Setzen Sie die Pflanze hinein und achten Sie darauf, den Wurzelballen nicht zu beschädigen.

4 Einpflanzen

3 Den Wurzelballen wässern

Wenn die Pflanze zwei oder drei Blätter hat, kann sie ins Beet gesetzt werden. Vergewissern Sie sich, dass der Wurzelballen feucht ist. Andernfalls tauchen Sie ihn für einige Minuten in Wasser.

5 Festdrücken, gießen

Bedecken Sie mit den Händen die Pflanze mit Erde und drücken Sie sie fest. Dic Pflanze muss fest in der Erde stehen, damit sie grade wächst. Gießen Sie mehrfach mit einem dünnen Strahl, bis die Erde gut feucht ist.

In nördlichen, kühleren Gegenden müssen die Pflanzen mit einer Glasglocke gegen Nachtfrost geschützt werden. Nehmen Sie tagsüber die Glocke ab, damit die Pflanze gut belüftet wird.

6 Schützen

7 Schneiden

Schneiden Sie den Stängel nach dem Einpflanzen oberhalb des zweiten Blattes ab. Nach drei Wochen schneiden Sie noch einmal oberhalb des dritten Blattes. Machen Sie das noch einmal mit den Blättern der dritten Generation. Auf diese Weise werden Sie eine Frucht pro Stängel erhalten.

8 Ernten

BELIEBTE SORTEN

- **'Aliénor'**
resistent gegen Krankheiten

- **'Cantaloup Charentais'**
glatte Schale, aromatisches Fruchtfleisch

- **'César'**
frühe Ernte

- **'Petit Gris de Rennes'**
wächst im Norden

- **'Savor'**
zerplatzt nicht

Legen Sie die Frucht während der Wachstumszeit auf ein Holzbrett, um sie vor Feuchtigkeit zu schützen. Sie können die Frucht ernten, wenn sich um den Blütenstiel ein Riss zeigt. Dann ist die Melone schön süß.

Portulaca oleracea
(Portulak)
Portulakgewächse
Eruca sativa
(Rauke)
Kreuzblütler
Lepidium sativum
(Gartenkresse)
Kreuzblütler

EIN KLEINER TIPP

„Pflücksalat wird in Tüten oder als Bündel verkauft, die man in die Erde setzen kann. So muss man sich nicht selbst eine Mischung zusammenstellen.**"**

IN DER KÜCHE

Lassen Sie Ihrer Fantasie freien Lauf und stellen Sie junge Triebe und Blätter zu verschiedenen Salaten zusammen.

Pflücksalat

Pflücksalat ist eine Mischung aus verschiedenen Sorten: Portulak, Rauke oder Gartenkresse, zu denen man noch Blattsalat, Endiviensalat und Kerbel mischen kann. Diese Mischung ist ein köstlicher Salat.

locker, frisch

sonniger Standort

fester Boden, Staunässe

Schnecke, Weinberg-schnecke, Rost

GUT ZU WISSEN: Säen Sie alle drei bis vier Wochen, so können Sie bis in den Herbst hinein ernten.

1 Den Boden vorbereiten

 Da die Samenkörner bestimmter Sorten sehr fein sind, muss der Boden frisch aufbereitet und fein zerbröselt sein. Man sät in einer Reihe in 1 cm Tiefe aus, in einer Rinne, die an einer Schnur entlang angelegt wurde.

Am besten mischt man die Samen in einem manuellen Sägerät. Vermischen Sie sie gut, damit Sie eine gleichmäßige Saat erhalten. Befeuchten sie die Rinne und streuen Sie die Samen nicht zu dicht hinein.

2 Säen

3 Bedecken, festklopfen, gießen

Bedecken Sie mit dem Rechen die Samen in der Rinne ein paar Millimeter hoch mit Erde. Klopfen Sie sie mit dem Rücken des Rechens fest und gießen Sie sie mit einem dünnen Strahl.

4 Ernten

Wenn die Pflanzen etwa 20 cm hoch sind, können Sie die ersten Blätter ernten. Schneiden Sie sie unten mit einem Messer oder einer Schere ab. Lassen Sie ein paar Zentimeter stehen, daraus entwickeln sich neue Blätter.

Brassica napus
(Kreuzblütler)

EIN KLEINER TIPP

„Aufgrund ihres Schwefelgehaltes kann die Steckrübe wenig bekömmlich sein. Essen Sie nur junge Rüben, die weniger Schwefel enthalten oder tauschen Sie das Wasser nach der Hälfte der Kochzeit aus."

IN DER KÜCHE

• Steckrüben enthalten Vitamin B und C, Kalium, Eisen, Zink, Kupfer und Schwefel. Sie sind reich an Nährstoffen.

• Sie wird roh, geraspelt, oder als Fleischbeilage gekocht verzehrt. Man kann auch die Blätter verzehren, entweder in einer Suppe oder als Gemüse wie Spinat.

Einpflanzen Ernte

J F M A M J J A S O N D

Steckrübe

Wer niemals eine junge Steckrübe probiert hat, hat keine Vorstellung von dem besonderen Geschmack dieses Gemüses. Wenn Sie das ganze Jahr über Rüben verzehren möchten, strecken Sie die Aussaat je nach Sorte über mehrere Monate.

 nährstoffreich und frisch

 halbschattiger Standort

 durchweichter Boden und große Hitze

  Bodenwurm, Käfer, Fliege, Kohlweißling, Hernie, Rost

GUT ZU WISSEN: Pflanzen Sie Fenchel in die Nähe der Steckrübe, er hält Käfer und Fliegen fern.

1 Den Boden vorbereiten

Graben Sie den Boden 20 cm tief um, entfernen Sie Steine und Wurzeln von Unkraut, harken Sie ihn, um Wurzeln zu zerkleinern und ihn zu begradigen. Spannen Sie eine Schnur und ziehen Sie an ihr entlang eine 2 cm tiefe Rinne.

Säen Sie die Samen mit einem manuellen Sägerät oder direkt aus der Tüte gleichmäßig in die Rinne. Bedecken Sie sie mit dem Rechen mit Erde und klopfen Sie sie fest. Gießen Sie mit einem dünnen Strahl, damit die Samen nicht ausgeschwemmt werden.

2 Säen

BELIEBTE SORTEN

- *'Blanc Dur d'Hiver'*
weiß, lässt sich gut lagern

- *'De Croissy'*
weiß, längliche Wurzeln

- *'De Nancy'*
weiße Wurzel mit violettem Hals

- *'Jaune Boule d'Or'*
gelbe Wurzel,
süßlicher Geschmack

- *'Rouge Plat Hâtif'*
weiß-violette Wurzel

Dünnen Sie die Pflanzen etwa drei Wochen nach der Aussaat aus, wenn sie zwei oder drei Blätter haben. Lassen Sie je nach Größe der Sorte einen Abstand von 15 bis 20 cm zwischen den Pflanzen.

3 Ausdünnen

4 Ernten

Die Ernte erfolgt etwa zwei Monate nach der Aussaat. Ziehen Sie die Wurzel aus der lockeren Erde oder nehmen Sie eine Gartengabel zu Hilfe. Die Steckrüben werden in den Wintermonaten im Keller in einer Kiste mit Sand gelagert.

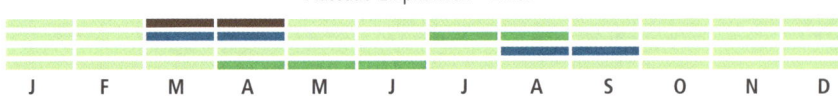

Aussaat Einpflanzen Ernte

J F M A M J J A S O N D

Zwiebel

Es gibt weiße, gelbe und rote Sorten. Zwiebeln findet man in nahezu allen Gerichten, sie werden roh, gekocht oder auch eingelegt verzehrt. Die erste Aussaat findet im Sommer statt, diese Zwiebeln werden im darauffolgenden Frühjahr geerntet, andere sät oder pflanzt man im Frühjahr aus, um sie im Sommer zu ernten.

aufgelockert

sonniger
Standort

lehmiger Boden,
Staunässe

Zwiebelfliege,
Fransenflügler, Rost,
Grauschimmelfäule,
Milben, Kohle

Allium cepa
(Liliengewächse)

EIN KLEINER TIPP

„Zwiebeln, die Sie selbst ausgesät haben, halten sich länger als solche, die aus Zwiebeln gezogen wurden, auch wenn sie etwas kleiner sind.**"**

IN DER KÜCHE

• Zwiebeln sind sehr vitaminreich und enthalten zudem Mineralstoffe und Spurenelemente. Sie werden Diabetikern empfohlen und besitzen zahlreiche heilende Eigenschaften.

• Man verzehrt sie roh, gekocht oder gefüllt.

GUT ZU WISSEN: Pflanzen Sie Zwiebeln nicht mit Lauch, Petersilie, Spargel, Bohnen, Kohl und Kartoffeln an, denn in deren Nähe gedeihen sie nicht gut.

Zwiebeln brauchen einen lockeren Boden, graben Sie ihn daher etwa 20 cm tief um. Entfernen Sie Steine und Wurzeln von Unkraut. Harken Sie ihn und zerkleinern Sie Wurzeln dabei, begradigen Sie den Boden. Spannen Sie eine Schnur und ziehen Sie eine Rinne daran entlang.

1 Den Boden vorbereiten

2 Säen

Verteilen Sie die Samen gleichmäßig darin. Weiße Zwiebeln können Sie aus der Tüte streuen, sie werden pikiert, wenn sie 8 bis 10 cm hoch sind.

Bedecken Sie die Samen mit Erde und klopfen Sie diese mit dem Rücken des Rechens fest, damit die Samen fest darin sitzen. Gießen Sie mit einem sehr feinen Strahl, damit die Samen nicht ausgeschwemmt werden.

3 Mit Erde bedecken

BELIEBTE SORTEN

Weiße Zwiebeln

- ,*De Paris'*
große, flache Zwiebeln

- ,*De Vaugirard'*
große Zwiebeln

- ,*Premier'*
kleine Zwiebeln zum Einlegen

Gelbe Zwiebeln

- ,*Astros'*
frühe Ernte

- ,*Espagnol'*
späte Ernte

- ,*Jaune Paille des Vertus'*
große Zwiebeln

Rote Zwiebeln

- ,*De Brunswick'*
sehr große, dunkelrote Zwiebeln

- ,*De Florence'*
längliche Zwiebeln

- ,*Pâle de Niort'*
kupferfarben

Wenn die Pflanzen etwa sechs Wochen nach der Aussaat 10 cm hoch sind, müssen sie ausgedünnt werden, so dass 15 cm Platz zwischen den Pflanzen ist. Setzen Sie größere Pflanzen an anderer Stelle ein.

4 Ausdünnen

SORGFÄLTIG AUSWÄHLEN

„Rote Zwiebeln verzehrt man roh, weil sie gekocht an Aroma verlieren. Gelbe Zwiebeln hingegen sind gekocht bekömmlicher als roh. Weiße Zwiebeln werden indes zum Aperitif oder im Salat gegessen. "

Pflanzen Sie lieber Zwiebeln anstatt Saatgut auszustreuen, so werden die Zwiebeln größer und können auch früher geerntet werden. Stecken Sie sie per Hand in den gut aufgelockerten Boden, die Spitze zeigt dabei nach oben.

5 Einpflanzen

6 Ernten

Knicken Sie die Blätter von bunten Zwiebeln kurz vor der Ernte um, um die Reifung zu beschleunigen. Wenn die Blätter trocken sind, ziehen Sie die Zwiebeln mit der Hand aus der Erde. Weiße Zwiebeln werden mit noch grünen Blättern geerntet.

7 Lagern

GUT ZU WISSEN: Kaufen Sie kleine Pflanzzwiebeln mit Zertifikat, aus dem hervorgeht, dass sie frei von Krankheiten sind.

Kleine weiße Zwiebeln werden in Essig eingelegt. Bunte Zwiebeln werden an Zwiebelzöpfen aufgehängt und getrocknet. Sie können Sie auch in einem trockenen, gut gelüfteten, frostfreien Keller im Dunkeln in Kisten aufbewahren. Legen Sie sie nicht übereinander und wenden Sie sie von Zeit zu Zeit.

Peperoni und Paprika

Peperoni und Paprika sind eng miteinander verwandt und gehören zur mediterranen Küche. Sie können aber auch in nördlichen Regionen angebaut werden, wenn sie einen warmen und sonnigen Standort haben.

nährstoffreich, aufgelockert

sonniger Standort

schwerer und kompakter Boden

Milben, Grauschimmelfäule, Mosaik-Virus

> **GUT ZU WISSEN:** Achten Sie darauf, dass beim Gießen die Blätter nicht feucht werden, so können Sie Krankheiten verhindern. Gießen Sie am besten am Fuß der Pflanze.

1 Im Warmen säen

 Geben Sie in eine Schale feine Erde und verteilen Sie die Samen darin. Bedecken Sie sie mit einigen Millimetern an Erde und bewässern Sie mit einem Zerstäuber. Stellen Sie die Schale in ein warmes Gewächshaus.

Capsicum annuum
(Nachtschattengewächse)

EIN KLEINER TIPP

,, *Säen oder pflanzen Sie Früchte in verschiedenen Farben. So haben Sie nicht nur Abwechslung beim Verzehr, sondern auch ein hübsches, buntes Beet.* ,,

IN DER KÜCHE

• Peperoni und Paprika enthalten das Provitamin A, Vitamin C und P. Peperoni fördern die Verdauung und Paprika sind bekömmlicher, wenn sie geschält und von Kernen befreit werden.

• Sie werden roh, in Salaten verzehrt, aber auch gekocht.

Wenn die Pflanzen Blätter haben, werden sie umgesetzt, damit sie kräftiger werden. Füllen Sie Torftöpfe mit Erde. Drücken Sie die Pflanze fest und gießen Sie sie. Stellen Sie sie wieder an einen geschützten Ort.

2 Umpflanzen

3 Einpflanzen

Setzen Sie die Pflanze je nach Klima im Mai oder Juni ins Freiland in frisch aufgelockerten Boden. Wenn die Erde zu lehmig ist, mischen Sie Torf darunter. Drücken Sie die Erde um die Pflanze herum fest und gießen Sie sie ausreichend.

BELIEBTE SORTEN

• **Peperoni**

- *‚De Cayenne'*
grün, scharf

- *‚Sucette de Provence'*
grün oder rot, sehr scharf

• **Paprika**

- *‚Canapé'*
wächst in nördlichen Regionen

- *‚Doux Long des Landes'*
grün, längliche Form

- *‚Estérel'*
große grüne, gelbe oder rote Früchte

4 Ernten

Etwa zwei Monate nach dem Einpflanzen können Sie die ersten Früchte ernten. Schneiden Sie sie mit einer Schere am Blütenstiel ab. In nördlichen Regionen sollten pro Pflanze nur sechs bis zehn Früchte gezogen werden. Schneiden Sie ein Blatt oberhalb der letzten Frucht ab.

Lauch

Lauch kann das ganze Jahr über angebaut werden. Verteilen Sie die Aussaat und Pflanzung über mehrere Monate, damit Sie gleichmäßig ernten können. Lauch wird auf zahlreiche Weisen verarbeitet und verzehrt.

tief, nährstoffreich	sonniger Standort	Staunässe	Lauchfliege, Motte, Rost, Fäulnis, Milben

GUT ZU WISSEN: Pflanzen Sie Lauch nicht mehrere Jahre nacheinander an derselben Stelle an, weil er dem Boden zu viele Nährstoffe entzieht.

Die frühe Aussaat erfolgt in einer Pflanzschale mit Anzuchterde. Streuen Sie die Samen gleichmäßig aus, damit sich die Pflanzen gut entwickeln. Bedecken Sie sie mit feiner Erde und stellen Sie sie in ein warmes Gewächshaus.

1 Im Warmen aussäen

2 Im Freiland aussäen

Ab Juni kann auch direkt im Freiland ausgesät werden. Harken Sie den Boden gut durch. Ziehen Sie eine Rinne an einer Schnur entlang und geben Sie die Samen hinein. Wenn die Pflanzen 10 cm hoch sind, dünnen Sie sie aus und lassen Sie 15 cm Platz zwischen ihnen.

Allium porrum (Liliengewächse)

EIN KLEINER TIPP

„Häufeln Sie Erde um den Pflanzenfuß zu einem kleinen Hügel an, so werden die Lauchstangen weiß. Setzen Sie sie beim Umpflanzen tief in die Erde, auch dadurch werden die Stangen weiß."

IN DER KÜCHE

• *Abgesehen von seiner harntreibenden Wirkung ist Lauch reich an Nährstoffen, Vitamin E, Karotin und Kalium.*

• *Man verzehrt ihn als junges Gemüse gekocht, in Salatsoßen, oder auch als Beilagen zu Fleisch, Fischen und Krustentieren.*

SYMBOL

„Der walisische Nationalheilige David befahl den Galliern, sich Lauch an die Helme zu stecken, weil sie auf einem Lauchfeld einen Sieg errungen hatten. In Frankreich ziert Lauch heute noch das Wappen des Verdienstordens für Landwirtschaft. **"**

Die in Töpfen vorgezogenen Pflanzen werden in einen gut bearbeiteten Boden eingesetzt, der von Unkraut und Steinen frei sein sollte. Arbeiten Sie gut durchsetzten, organischen Dünger ein und harken Sie den Boden.

3 Den Boden vorbereiten

4 Pflanzen vorbereiten

Etwa zwei Monate nach der Aussaat werden die Pflanzen umgesetzt. Ziehen Sie sie vorsichtig aus dem Pflanzgefäß und schneiden Sie die Wurzeln auf 2 bis 3 cm zurück, kürzen sie die Blätter auf 15 cm.

5 Pflanzen zurechtlegen

RAT:
Die Pflanzen halten länger, wenn Sie sie nicht gleich zurückschneiden, nachdem Sie sie aus dem Boden gezogen haben. Lassen Sie sie noch eine Weile auf dem Beet liegen.

Ziehen Sie eine mehrere Zentimeter tiefe Rinne in die Erde. Legen Sie die Pflanzen mit einem Abstand von 15 cm hinein. Wenn Sie mehrere Reihen anlegen, lassen Sie 30 cm dazwischen frei.

Graben Sie mit einem Pflanzstab ein ausreichend großes Loch und setzen Sie die Pflanze hinein, ohne die Wurzeln dabei zu beschädigen. Richten Sie die Pflanze auf und klopfen Sie die Erde rundherum fest. Gießen Sie die Pflanze.

6 Umsetzen

7 Mit Nährstoffen versorgen

Düngen Sie die Pflanzen während der Wachstumszeit mit natürlichem Universaldünger. Harken Sie den Dünger unter, jäten Sie Unkraut und gießen Sie bei Trockenheit.

8 Ernten

Lauch wird ganz nach Bedarf geerntet. Aus lockerem Boden können Sie ihn mit der Hand herausziehen, manchmal ist es besser, eine Gartengabel zu Hilfe zu nehmen. Decken Sie im Winter die Lauchpflanzen mit Stroh ab, um sie vor Frost zu schützen.

BELIEBTE SORTEN

- *'Bleu de Solaise'*
für die Ernte im Winter

- *'De Carentan'*
dicke Stangen

- *'Furor'*
frühe Ernte

- *'Gros Long d'Été'*
frühe Ernte

- *'Jaune Gros du Poitou'*
frostempfindlich

- *'Malabare'*
sehr frühe Ernte

- *'Ténor'*
lange Stangen

Pisum sativum
(Hülsenfrüchtler)

EIN KLEINER TIPP

„Lassen Sie bei den Frühjahrssorten nicht mehr als fünf Blütenstängel pro Trieb stehen, damit die Pflanzen schneller wachsen. Bei Sommer- und Herbstsorten können Sie sechs oder sieben Blütenstängel stehen lassen.“

IN DER KÜCHE

• Die kleinen Erbsen enthalten viel Vitamin B, C und E und sorgen für Nährstoffe und Kalium. Sie sind auch im Hinblick auf Proteine sehr interessant.

• Verzehren Sie sie gekocht, einzeln oder auch mit kleinen Zwiebeln oder würzigen Kräutern.

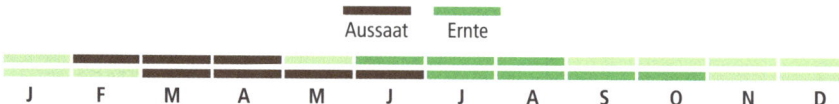

Aussaat   Ernte

J F M A M J J A S O N D

Erbsen

Erbsen können mit Schote oder enthülst verzehrt werden, es gibt Sorten mit runden und welche mit flachen Samen – alle schmecken gleichermaßen gut.

nährstoffreich, aufgelockert

sonniger Standort

trockener und kalkhaltiger Boden

Blattlaus, Samenkäfer, Rost, Mosaik-Virus

GUT ZU WISSEN: Säen Sie Erbsen nicht in der Nähe von Lauch, Knoblauch und Zwiebeln aus, die ihr Wachstum beeinträchtigen können.

1 Den Boden vorbereiten

 Frühe, runde Erbsen werden als erstes im Februar unter einem Vlies ausgesät. Erbsen mit runzeligen Samen, die nicht so wärmeempfindlich sind, werden später ausgesät. Bearbeiten Sie den Boden und lockern ihn auf.

GESCHICHTE

„Die Erbse zählt zu den ältesten Kulturpflanzen überhaupt. Vermutlich wurde sie schon vor 8000 Jahren im Orient angebaut. Bei uns ist sie auch durch das Märchen „Die Prinzessin auf der Erbse" populär geworden."

Harken Sie den Boden gut durch und begradigen Sie ihn anschließend. Ziehen Sie dann an einer gespannten Schnur entlang eine 5 cm tiefe Rinne. Geben Sie die Samen mit einem Abstand von 5 cm hinein. Wenn Sie mehrere Reihen anlegen, lassen Sie 50 cm Platz zwischen ihnen. Wie bei Bohnen können Sie vor allem bei kletternden Sorten auch immer drei Samenkörner an eine Stelle setzen.

2 Säen

3 Mit Erde bedecken, gießen

Bedecken Sie die Samen mit der Erde vom Rand der Rinne und klopfen Sie sie mit dem Rücken des Rechens fest, damit sie fest im Boden sitzen. Gießen Sie mit einem dünnen Strahl, damit sie nicht weggeschwemmt werden.

Um zu verhindern, dass die größeren Schoten kleinere auf den Erdboden drücken, können Sie Rankhilfen für die Schoten anbringen. Eine Höhe von 50 cm ist dafür ausreichend.

4 Abstützen

BELIEBTE SORTEN

• **Hochwachsende Erbsen mit runden Samen**

- *,Express à Longue Cosse'*
für die frühe Ernte

- *,Roi des Conserves'*
reiche Ernte

• **Hochwachsende Erbsen mit runzeligen Samen**

- *,Téléphone à Rames'*
sehr süß im Geschmack

• **Niedrige Sorte mit runden Samen**

- *,Petit Provençal'*
dicke Schoten

- *,Primavil'*
schön grüne Schoten

• **Niedrige Sorte mit runzeligen Samen**

- *,Merveille de Kelvedon'*
süßlicher Geschmack

- *,Télévision'*
für eine späte Ernte

• **Mit Schote verzehrbare Sorten**

- *,Carouby de Maussane'*
hellgrüne Schote

- *,Normand'*
helle Schote, süßlich

GLEICH NACH DER ERNTE:
Anstatt sie einzukochen oder einzufrieren essen Sie die frisch geernteten Erbsen lieber, denn die Kohlenhydrate, die in ihnen enthalten sind, verwandeln sich schnell in Stärke, wodurch sie weniger bekömmlich werden.

5 Abstützen

⬆ Kletternde Erbsen können leicht 1,50 m hoch werden. Bringen Sie daher mindestens 2 m hohe Rankstöcke an, die Sie mit einer Schnur miteinander verbinden.

6 Ernten

GUT ZU WISSEN:
Warten Sie mit der Ernte nicht, bis alle Schoten reif sind. Denn die Samen im Inneren könnten sonst austrocknen.
Sie sollten auch wissen, dass runzelige Erbsen süßer als glatte sind.

⬅ Die Ernte findet drei bis vier Monate nach der Aussaat statt. Ernten Sie alle drei bis vier Tage, wenn die Samen der Sorten, die man mit Schote isst, gut ausgebildet sind. Die Schoten der zu schälenden Erbsen sollten bei der Ernte eingebeult sein. Kochen Sie sie ein oder frieren Sie sie ein.

Kartoffel

Kartoffeln sind weit verbreitet und werden zu jeder Gelegenheit verwendet. Es gibt sogar spezielle Kartoffel-Restaurants, dort wird dieses Gemüse zu allen Gängen serviert, von der Vorspeise bis zum Nachtisch. Warum nicht auch bei Ihnen?

locker, nährstoffreich

sonniger Standort

schwerer und kalkhaltiger Boden

Kartoffelkäfer, Fadenwürmer, Milben, Mäuse

GUT ZU WISSEN: Um die Pflanzen muss Erde angehäufelt werden, damit die Knollen nicht grün werden und das giftige Solanin produzieren.

Lockern Sie die Erde gut 20 cm tief auf. Jäten Sie, um Wurzelballen zu zerkleinern und begradigen Sie den Boden. Wenn Sie die Kartoffeln in einer Reihe anpflanzen, spannen Sie eine Schnur, an der entlang Sie eine 15 cm tiefe Furche ziehen.

2 In Löcher einpflanzen

1 Den Boden vorbereiten

Es ist ganz einfach, Kartoffeln in kleine Erdlöcher einzupflanzen, die Sie vorher mit der Hacke gegraben haben. Lassen Sie 40 bis 50 cm Platz dazwischen.

Solanum tuberosum
(Nachtschattengewächse)

EIN KLEINER TIPP

„Teilen Sie die Pflanzungen so auf, dass Sie das ganze Jahr über Kartoffeln ernten können."

IN DER KÜCHE

• Die Kartoffel ist reich an Magnesium, Kalium und Stärke und enthält zudem Vitamin B1, B6, C und P.

• Kartoffeln werden immer gekocht oder gebraten verzehrt, in zahlreichen Varianten.

BELIEBTE SORTEN

• **Frühkartoffeln**

- *‚Belle de Fontenay'*
zum Frittieren

- *‚Amandine'*
festkochend

- *‚Manon'*
resistent gegen Milben

• **Mittelfrühe Kartoffeln**

- *‚BF 15'*
ein Klassiker

- *‚Charlotte'*
resistent gegen Milben

- *‚Mona Lisa'*
schöne Form

- *‚Ratte'*
kleine Knollen

• **Spätkartoffeln**

- *‚Bintje'*
lässt sich gut lagern

- *‚Roseval'*
rote Schale

Die größten Schädlinge der Kartoffel sind der Kartoffelkäfer und Milben. Kontrollieren Sie die Blätter regelmäßig und sammeln Sie die Larven des Kartoffelkäfers von Hand ab. Spritzen Sie gegen die Milben ein natürliches Schädlingsmittel.

5 Behandeln

> GUT ZU WISSEN: Die Kartoffelknolle ist keine Wurzel, sondern der wulstige Teil des in der Erde wachsenden Stängels. Darauf sitzen die Knospen, aus denen die Keimlinge entstehen.

3 Ins Beet setzen

Setzen Sie die Knollen in die Erdlöcher und achten Sie darauf, dass die Keimlinge nach oben zeigen. Bedecken Sie sie vorsichtig mit Erde, ohne diese festzuklopfen, damit die Keimlinge nicht beschädigt werden.

6 Ernten

Wenn die Pflanzen 15 bis 20 cm hoch sind, häufeln Sie Erde an. Schieben Sie mit einer Harke Erde von den Seiten dorthin, wo die Knollen wachsen. Häufeln Sie die Erde in kleinen Hügeln an.

4 Anhäufeln

Je nach Sorte können Sie drei bis fünf Monate nach der Pflanzung ernten. Wenn die Blätter vertrocknet sind, heben Sie mit einer Gartengabel die Erde an und ziehen die Knollen heraus. Lassen Sie sie noch einen Tag auf der Erde trocknen. Kartoffeln können Sie mehrere Monate lagern. Bringen Sie sie in einen dunklen, gut belüfteten und frostfreien Keller.

> GESCHICHTE:
> Die Kartoffelpflanze wurde im 16. Jahrhundert von den Spaniern aus Südamerika nach Europa gebracht und breitete sich über Italien in weiten Teilen des Kontinents aus. Im 17. Jahrhundert baute man sie in vielen Ländern an. Bald schon wurde sie zu einem wichtigen Grundnahrungsmittel für große Bevölkerungsteile.

Aussaat Einpflanzen Ernte

| J | F | M | A | M | J | J | A | S | O | N | D |

Kürbis

Es gibt zahlreiche Kürbissorten – große, kleine, runde und längliche Kürbisse in den unterschiedlichsten Ausformungen. Da sie alle kälteempfindlich sind, warten Sie mit dem Einpflanzen, bis sich der Boden erwärmt hat.

tief, nährstoffreich

sonniger Standort

nährstoffarmer Boden

Blattlaus, Milben, Rost, Gurkenmosaik-Virus

GUT ZU WISSEN: *Verbrennen Sie nach der Ernte die Blätter, um jegliche Spur von Krankheiten zu vernichten.*

Füllen Sie zu Beginn des Frühjahrs Plastik- oder besser Torftöpfe mit feiner Anzuchterde. Vergessen Sie nicht, in die Plastiktöpfe ein Loch zu bohren, damit das Wasser abfließen kann.

1 Pflanzen vorbereiten

2 In Anzuchttöpfe säen

Geben Sie zwei bis drei Samen in jeden Topf und drücken Sie sie mit den Fingern 2 cm tief in die Erde. Verschließen Sie die Löcher mit Erde und drücken Sie sie ein wenig fest. Gießen Sie mit einem feinen Strahl und stellen Sie die Töpfe ins Warme. Halten Sie sie immer leicht feucht.

Cucurbita spp. (Kürbisgewächse)

EIN KLEINER TIPP

„Wenn Sie einen Komposthaufen haben, pflanzen Sie dort ein oder zwei Kürbispflanzen an. Sie werden sich prima entwickeln und sich nicht an ihrem Platz stören."

IN DER KÜCHE

• *Kürbis enthält das Provitamin A und Vitamin B und C, außerdem Eisen, Magnesium und Kalzium. Er wird gekocht verzehrt, in einem Eintopf, als Püree oder Soufflé.*

117

Setze Sie sie bis zu den ersten Blättern in das Pflanzloch und decken Sie den Wurzelballen mit Erde ab, drücken Sie sie mit den Händen fest. Gießen Sie sie, aber verhindern Sie, dass die Blätter dabei nass werden. Da sich Kürbispflanzen stark ausbreiten, geben Sie jeder einzelnen 1m² Platz.

4 Einpflanzen

3 Umpflanzen

⬆ Beim Umpflanzen ist es wichtig, gut durchsetzten, organischen Dünger in den Boden einzuarbeiten. Der Kürbis liebt es nährstoffreich. Graben Sie einen Monat nach der Aussaat mit einem Pflanzstock ein Loch in die Erde und nehmen Sie die Pflanze aus dem Topf.

BELIEBTE SORTEN

- *,Spaghetti-Kürbis'*
längliche Form

- *,Turban-Kürbis'*
delikates Aroma

- *,Pâtisson Blanc'*
flache Form mit Rippen

- *,Potimarron*
kastanienähnliches Aroma

- *,Galeuse d'Eysines'*
sehr feines Fruchtfleisch

- *,Großer Gelber aus Paris'*
süßliches Fruchtfleisch

- *,Rouge Vif d'Étampes'*
sehr großer, roter Kürbis

5 Pflegen

⬆ Halten Sie den Boden während der gesamten Wachstumszeit, die mehrere Monate dauert, feucht und gießen Sie regelmäßig. Bewässern Sie nicht die Blätter, dadurch würde sich Mehltau bilden. Harken und jäten Sie den Boden, um ihn aufzulockern und Unkraut zu entfernen.

BRAUCH

„An Halloween höhlen Kinder gerne Kürbisse aus. Dafür eignen sich am besten große, runde Sorten. Zuerst wird der Deckel abgeschnitten, dann wird der untere Teil ausgehöhlt und ein Gesicht hineingeschnitzt. Abends stellt man eine Kerze hinein und die Kürbisse leuchten wunderschön in der Dunkelheit!"

Wenn der Boden zu feucht ist, legen Sie die Kürbisse je nach Größe auf ein Holzbrett, eine Steinplatte oder einen Ziegelstein, damit sich kein Schimmel bildet.

6 Kürbis vor Feuchtigkeit schützen

7 Schneiden

Begrenzen Sie die Anzahl der Früchte pro Pflanze, damit die einzelnen Kürbisse groß werden. Schneiden Sie den äußeren Stängel oberhalb des zweiten Blattes ab, ebenso junge Seitentriebe.

8 Ernten

Ernten Sie die Kürbisse vor dem ersten Frost, wenn die Blätter noch nicht verwelkt und die Kürbisse gut ausgeformt sind. Schneiden Sie den Blütenstiel mit einer Schere oder einem Messer ab.

> **SCHON GEWUSST?**
> Der Name der Pâtisson-Kürbisse kommt aus dem Französischen und bedeutet ‚Bischofsmütze'. Es sind kleine Kürbisse in einer abgeflachten Form mit wellenförmigen Rändern. Sie werden sowohl als Zier- als auch als Speisekürbis verwendet.

**Raphanus sativus
(Kreuzblütler)**

EIN KLEINER TIPP

,,*Wenn der Platz in Ihrem Garten knapp ist, säen Sie Radieschen zwischen anderen Pflanzen aus, die eine längere Wachstumsphase benötigen. Sie werden dann vorher geerntet und stören die anderen Pflanzen nicht.* "

IN DER KÜCHE

• *Radieschen haben einen hohen Gehalt an Vitamin C und P. Sie enthalten auch Schwefel, Kalzium und Kalium, sowie Spurenelemente.*

• *Man verzehrt sie roh. Ihre Blätter kann man auch kochen und für Suppen oder Pürees verwenden oder wie Spinat zubereiten.*

Aussaat   Ernte

| J | F | M | A | M | J | J | A | S | O | N | D |

Radieschen

Rund oder länglich, rot oder hell, mit oder ohne weiße Spitzen – Radieschen sind ein Genuss. Gießen Sie sie ausreichend, damit sie schön fest und knackig werden.

| locker, nährstoffreich | sonniger Standort | trockener Boden, durchweichte Erde | Käfer, Schnecke, Fliege, Keimlingskrankheit |

GUT ZU WISSEN: Radieschen gedeihen gut in der Nähe von Blattsalat und Karotten, aber nicht so gut bei Kürbissen und Kohl.

1 Den Boden vorbereiten

Radieschen brauchen lockeren, am besten sandigen Boden. Wenn die Erde lehmig ist, arbeiten Sie Sand unter. Jäten Sie den Boden, um Wurzeln zu zerkleinern, und begradigen Sie ihn. Spannen Sie eine Schnur und ziehen Sie an ihr entlang eine 2 cm tiefe Rinne.

Am besten säen Sie in einer Reihe aus, weil dadurch die Pflege der Pflanzen später leichter wird. Verwenden Sie ein manuelles Sägerät, damit die Samen gleichmäßig aufgebracht werden und sich die Radieschen nicht gegenseitig im Wachstum einschränken.

2 Säen

3 Festklopfen, gießen

Bedecken Sie die Samen mit Erde vom Rand der Rinne und klopfen Sie sie mit dem Rücken des Rechens fest. Gießen Sie mit einem dünnen Strahl, damit die Samen nicht ausgeschwemmt werden. Halten Sie den Boden während der Wachstumsphase leicht feucht, ohne ihn zu stark zu bewässern.

4 Ernten

BELIEBTE SORTEN

- *'Cerise'*
rund, rot

- *'De 18 Jours'*
sehr frühe Ernte

- *'Gaudry'*
rund mit weißem Kranz

- *'National'*
milde Sorte

Je nach Sorte beginnt die Ernte drei bis vier Wochen nach dem Einpflanzen. Ziehen Sie die Radieschen von Hand heraus und ernten Sie ganz nach Bedarf. Um die Ernte zu strecken, säen Sie im Abstand von drei Wochen. Radieschen halten sich nur ein paar Tage.

Raphanus sativus (Kreuzblütler)

IN DER KÜCHE

• Wie die rosafarbenen Radieschen ist der Rettich reich an Vitaminen und Mineralstoffen, besonders an Schwefel. Er ist sehr kalorienarm.

• Er wird roh verzehrt, gerieben, mit Remoulade oder 1 Stunde in Salz eingelegt. Aber man isst ihn auch wie Rüben gekocht.

Rettich

Er ist mit Radieschen verwandt. Es gibt ihn als schwarzen, rosafarbenen oder weißen Rettich und seine Wurzeln können bis zu 30 cm lang werden. Rettich kann den ganzen Winter über im Beet bleiben, wenn Sie sich die Mühe machen, ihn mit Vlies abzudecken.

 locker, nährstoffreich

 sonniger Standort

 kompakter Boden

 Käfer, Schnecke, Keimlingskrankheit

GUT ZU WISSEN: Lassen Sie die Wurzeln trocknen, bevor Sie sie zum Lagern einholen, damit sie nicht verkümmern.

1 Den Boden vorbereiten

Bearbeiten Sie den Boden sehr gründlich, denn die Wurzeln sind ziemlich lang. Arbeiten Sie Sand unter, wenn die Erde kompakt und lehmig ist. Jäten Sie, um Wurzeln zu zerkleinern und begradigen Sie die Oberfläche. Spannen Sie eine Schnur und ziehen Sie an ihr entlang eine 3 cm tiefe Rinne.

Wenn Sie mehrere Reihen anlegen, lassen Sie 30 cm Platz dazwischen. Verwenden Sie ein Sägerät und lassen Sie einen Abstand von 10 bis 15 cm zwischen den Samen.

2 Säen

BELIEBTE SORTEN

- *'Noir Gros Long d'Hiver'*
schwarz mit weißem Fruchtfleisch

- *'Misato Green'*
grün und weiß, mildes Aroma

- *'Rose d'Hiver de Chine'*
rosa mit weißem Fruchtfleisch

- *'Violet de Gournay'*
violett mit weißem Fruchtfleisch

Bedecken Sie die Samen, indem Sie die Erde vom Rand der Rinne darüberschieben und klopfen Sie die Erde mit dem Rücken des Rechens fest, damit die Samen fest im Boden sitzen. Bewässern Sie mit einem dünnen Strahl. Halten Sie den Boden immer leicht feucht.

3 Bedecken, gießen

4 Ernten

Nach drei oder vier Monaten können Sie den ersten Rettich ernten. Ernten Sie ganz nach Bedarf. Wenn der Winter streng ist, ernten Sie alle Rettiche und lagern Sie sie frostgeschützt im Keller in einer Kiste mit Sand.

Rheum rhaponticum
(Knöterichgewächse)

IN DER KÜCHE

• Rhabarber ist sehr kalorienarm und ein wirksames Abführmittel. Er enthält Vitamin C, Mineralstoffe, Kalium, Phosphor und einige Spurenelemente.

• Man verzehrt ihn gekocht, auf Kuchen, als Marmelade oder Kompott.

Einpflanzen   Ernte

J F M A M J J A S O N D

Rhabarber

Diese Staude wird fast in jedem Gemüsegarten angebaut. Rhabarber verwendet man für Kuchen oder Kompott. Dabei werden die Blattstiele, nicht die Blätter verarbeitet. Stellen Sie ihm einen nährstoffreichen Boden und viel Platz zur Verfügung.

nährstoffreich, eher sauer

sonniger Standort

lockere Böden

Schnecken, Blattrandbrand

GUT ZU WISSEN: Halten Sie im Sommer den Boden immer feucht, vor allem wenn es sehr warm ist und wenig regnet.

1 Teilen

⬆ Rhabarber wird durch Teilen vermehrt. Graben Sie mit einem Spaten die Pflanze aus und teilen Sie die Büschel, dabei sollte an jedem mindestens eine Knospe sein. Teilen Sie die Pflanzen zu Frühjahrsbeginn oder im Herbst.

Graben Sie den Boden gut 20 cm tief um, lockern Sie ihn auf und entfernen Sie das Unkraut. Graben Sie ein Pflanzloch und setzen Sie das abgetrennte Stück hinein, die Knospe sollte dabei nach oben zeigen.

2 Einpflanzen

3 Pflegen

Decken Sie die junge Pflanze mit Erde ab und klopfen Sie sie rundherum fest. Gießen Sie gut, so dass die Erde gut feucht wird. Während der Wachstumszeit sollten Sie regelmäßig jäten. Schneiden Sie die Blüten immer wieder ab, damit sie die Pflanze nicht auszehren.

4 Ernten

Wenn die Blätter ausgeformt und die Stängel gefärbt sind, ziehen Sie sie mit der Hand vom Stumpf ab. Entfernen Sie die Blätter, da sie giftig sind und verwenden Sie die Stängel.

BELIEBTE SORTEN

- *'Gewellt von Amerika'*
Blätter mit kleinen Bläschen

- *'Monarch rouge'*
sehr bunte Blütenstiele

- *'Victoria'*
sehr fleischige Blütenstiele

Lycopersicum aesculentum
(Nachtschattengewächse)

Tomate

Tomaten gehören in jeden Gemüsegarten. Von der Kirschtomate bis hin zur großen ‚Marmande' gibt es eine große Auswahl für jeden Geschmack und jede Küche. Nicht ohne Grund trägt sie den Beinamen ‚Liebesapfel'.

locker

sonniger Standort

kompakte, durchweichte Böden

Mottenschildlaus, Blattlaus, Milben, Grauschimmel, Schimmelpilze

> **GUT ZU WISSEN:** Geben Sie vertrocknete Tomatenstängel nicht auf Ihren Kompost. Verbrennen Sie sie, damit sich Krankheiten und Parasiten nicht ausbreiten können.

EIN KLEINER TIPP

„Wenn Sie nicht sicher sind, ob Sie Ihre Tomaten regelmäßig gießen können, installieren Sie eine Tröpfchen-Bewässerung. "

IN DER KÜCHE

• Die Tomate besteht zu 90 % aus Wasser, sie ist reich an dem Provitamin A, enthält aber auch doppelt so viel Vitamin C wie eine Orange.

• Man kann Sie auf tausend verschiedene Weisen verzehren, roh oder gekocht. Grüne Tomaten lassen sich zu einer köstlichen Konfitüre verarbeiten.

Zuerst säen Sie die Samen in mit Anzuchterde gefüllte Pflanztöpfe aus. Säen Sie im März oder April, oder je nach Klima auch schon Ende Februar.

1 Aussaat vorbereiten

2 Säen

Streuen Sie in jedes Pflanztöpfchen drei oder vier Samen, die Samen sollten nicht zu dicht aneinander liegen. Stellen Sie sie in ein warmes Gewächshaus.

Wenn die Pflänzchen drei oder vier Blätter haben, topfen Sie sie in größere Plastik- oder Torftöpfe um, damit sie kräftig werden. Lassen Sie sie weiterhin im Warmen und wässern Sie sie regelmäßig.

3 Umtopfen

4 Den Boden vorbereiten

Bearbeiten Sie den Boden etwa 20 cm tief und tragen Sie gut durchsetzten, organischen Dünger auf. Stellen Sie 1,50 cm hohe Rankhilfen mit einem Abstand von 80 cm in alle Richtungen auf.

5 Pflanzlöcher graben

Tomaten können erst ins Freiland gesetzt werden, wenn die Erde warm ist, das heißt je nach Region ab April oder Mai. Graben Sie mit einem Pflanzstock am Fuß der Rankhilfe ein Pflanzloch. Wenn der Boden nährstoffarm ist, geben Sie etwas Anzuchterde hinein.

BELIEBTE SORTEN

- ‚*Ochsenmaultomate*'
sehr groß

- ‚*Fandango*'
resistent gegen Milben

- ‚*Fournaise*'
frühe Ernte

- ‚*Lancelot*'
längliche Form

- ‚*Marmande*'
zum Füllen

- ‚*Orange Queen*'
orangefarben

- ‚*Saint Pierre*'
rund und glatt

- ‚*Super Sweet 100*'
Kirschtomate

- ‚*Yellow Stuffer*'
kräftiges Gelb

Wenn strenger Frost nicht mehr befürchtet werden muss, kann man Tomaten ins Freiland setzen, wenn man sie mit transparenter Folie abdeckt.

6 Vor Kälte schützen

VERZEHR:
Sorgen Sie für Abwechslung, indem Sie unterschiedliche Sorten anpflanzen. Zum Aperitif und zur Dekoration eignen sich Kirschtomaten. Für Vorspeisen und Suppen nimmt man Strauchtomaten mit dickem Fruchtfleisch. Zum Füllen eignen sich sehr große Tomaten, wie Ochsenmaultomaten. Längliche oder gelbe Tomaten sind schmackhafte Varianten.

7 Einpflanzen

Pflanzen Sie die selbst vorgezogenen oder in einer Gärtnerei gekauften Pflanzen ein, achten Sie darauf, den Wurzelballen nicht zu beschädigen. Bedecken Sie ihn mit Erde und klopfen Sie sie mit den Händen rundherum fest. Gießen Sie mehrmals.

8 Reifen lassen

Tomaten brauchen eine Stütze, damit die Stängel nicht unter dem Gewicht der Früchte abbrechen. Befestigen Sie sie je nach Entwicklungsstand an der Rankhilfe, aber binden Sie sie nicht zu fest, damit sie nicht stranguliert werden.

Düngen Sie einen Monat nach dem Einpflanzen und im Verlauf der Wachstumszeit im Sommer mit speziellem Tomatendünger.

Entfernen Sie Blätter, die knapp über dem Boden wachsen, damit sich durch Feuchtigkeit keine Krankheiten ausbreiten.

9 Pflegen

Es wichtig, den Boden gleichmäßig feucht zu halten. Gießen Sie oft und regelmäßig. Zu starkes Gießen tötet die Früchte ab. Befeuchten Sie nicht die Blätter, um Pilzerkrankungen zu vermeiden.

GUT ZU WISSEN: Mit Tomatenextrakt kann der Kohlweißling bekämpft werden. Zerkleinern Sie zwei Handvoll Blätter und junger Triebe und lassen Sie sie zwei Stunden in Wasser ziehen. Filtern Sie die Jauche und sprühen Sie sie unverdünnt auf die Pflanze.

10 Triebe ausdünnen

Lassen Sie pro Pflanze nur einen Stängel stehen. Während der Wachstumszeit sollten Sie Nebentriebe entfernen, indem Sie sie mit den Fingern abknipsen. Schneiden Sie den Haupttrieb unterhalb der vierten oder fünften Blüte.

11 Gießen

12 Ernten

Wenn die Tomaten eine schöne Farbe angenommen haben, ernten Sie sie nach und nach von Hand. Entfernen Sie im Herbst die Blätter oberhalb der Früchte, damit diese möglichst viel Sonne abbekommen.

KRÄUTER

Aussaat **Einpflanzen** **Ernte**

J	F	M	A	M	J	J	A	S	O	N	D

Basilikum

Das berühmte Pesto ist allen, die eine aromatische Küche lieben, unentbehrlich. Es gibt zahlreiche Basilikumsorten, die man im Garten oder auf der Fensterbank halten kann, mit kleinen, großen, länglichen oder runden Blättern.

 locker, humos

 sonniger Standort

 feuchter Boden

 Keimlingskrankheit, Blattrandbrand

> *GUT ZU WISSEN: Basilikum passt gut zu Tomaten, sowohl im Garten als auch in der Küche, mag aber keine Zitronenmelisse.*

Ocimum basilicum (Lippenblütler)

IN DER KÜCHE

• Basilikum wirkt kräftigend, entzündungshemmend und schweißtreibend. Außerdem hat es verdauungsfördernde Eigenschaften.

• Es wird roh verzehrt, zu Salaten, Tomaten und Pasteten. Gekocht verliert es einen großen Teil seines Aromas.

1 Säen

⬆ Verteilen Sie die Samen mit einem manuellen Sägerät in einen mit Anzuchterde gefüllten Topf. Stellen Sie ihn warm (18-20° C). Wenn die Pflanzen zwei oder drei Blätter haben, setzen Sie sie in größere Töpfe um, damit sie kräftig werden.

Pflanzen Sie Basilikum, wenn es warm genug ist, in einer Reihe an, das erleichtert die Pflege. Klopfen Sie die Erde rundherum fest und gießen Sie ausreichend. Halten Sie den Boden während der gesamten Wachstumszeit feucht.

2 Im Mai ins Freiland setzen

BELIEBTE SORTEN

- *‚Das kleine Grüne'*
kleine Blättchen, gut für den Anbau im Topf geeignet

- *‚Große Grüne'*
große, aromatische Blätter

- *‚Rubinrot'*
purpurfarbene Blätter, dekorativ und schmackhaft

Je nachdem, wie sich die Pflanze entwickelt, knipsen Sie die äußeren jungen Triebe ab, damit sie schön dicht wächst. Machen Sie dasselbe mit den Blüten.

3 Ausdünnen

4 Ernten

Ab Juli können Sie die ersten Blätter ernten. Schneiden Sie die Stängel mit einem Messer oder einer Schere ab oder pflücken Sie ganz nach Bedarf einzelne Blätter. Sie können Sie auch trocknen oder einfrieren, allerdings verlieren sie dadurch an Aroma

Kerbel

Kerbel ist ein aromatisches Kraut und wird vor allem für Suppen und Soßen, aber auch für Salate verwendet. Wenn Sie nicht viel Platz im Garten haben, reicht auch ein Topf. Am besten stellen Sie ihn in der Nähe der Küche auf.

 locker, nährstoffreich

 schattiger bis halbschattiger Standort

 trockener Boden

 Rost, Milben

GUT ZU WISSEN: *Am besten setzen Sie Kerbel nicht in die Nähe von Radieschen. Denn anscheinend werden sie dadurch schärfer!*

1 Den Boden vorbereiten

Wenn Sie Kerbel aussäen möchten, bereiten Sie den Boden auf, lockern Sie ihn, dass er gut belüftet ist. Ziehen Sie an einer Schnur entlang eine etwa 1 cm lange Rinne. Eine Länge von 1,20 bis 1,50 m reicht dabei aus.

Anthriscus cerefolium (Doldenblütler)

EIN KLEINER TIPP

99 *Um zu verhindern, dass Kerbel zu schnell schosst, säen Sie ihn in einer stets kühlen Ecke des Gartens, denn Trockenheit und Wärme bekommen ihm nicht.* 66

IN DER KÜCHE

• *Kerbel wirkt harntreibend und blutreinigend. Er enthält Vitamin A, B und C, sowie Kalzium, Eisen, Kalium, Magnesium und Phosphor.*

• *Er wird erst ganz am Ende den Gerichten zugefügt, weil er gekocht sein Aroma verliert.*

Streuen Sie die Samen aus der Tüte oder besser noch mit einem manuellen Sägerät auf den Boden der Rinne. Streuen Sie dabei nicht zu dicht aus. Bedecken Sie die Samen mit Erde, drücken Sie sie fest und gießen Sie mit einem dünnen Strahl. Dünnen Sie die Pflanzen später aus, so dass jede 30 cm Platz hat.

2 Säen

3 Einpflanzen

Wenn Sie schneller ernten möchten, setzen Sie vorgezogene Pflanzen ein. Bereiten Sie den Boden genauso wie für die Aussaat vor. Achten Sie darauf, dass der Wurzelballen feucht ist und graben Sie mit einem Pflanzstock ein Loch, in das Sie die Pflanze setzen. Klopfen Sie die Erde mit den Fingern fest und gießen Sie sie.

BELIEBTE SORTEN

- ‚Commun'
einfache Blätter, aromatisch

- ‚Frisé'
gezackte Blätter, sehr dekorativ

- ‚Vertissimo'
kälteresistent

4 Ernten

Zwei Monate nach der Aussaat und einen Monat, nachdem Sie die Pflanze eingesetzt haben, können Sie ernten. Pflücken Sie die Blätter einzeln, ganz nach Bedarf. Schneiden Sie sie am unteren Teil mit einem Messer oder einer kleinen Schere ab. Am Saisonende können Sie alle Blätter abernten und trocknen oder einfrieren.

Aussaat   Ernte

J F M A M J J A S O N D

Winterlauch und Schnittlauch

Diese Kräuter wachsen schnell. Wenn im Herbst die Blätter trocken werden, werden sie abgeerntet. Winterlauch hat etwas dickere Stiele als Schnittlauch und feinere, stärker duftendere Blätter.

 nährstoffreich und frisch

 sonniger Standort

 durchweichter Boden

 Fäulnis

Allium fistulosum (Winterlauch), Allium schoenoprasum (Schnittlauch) (Liliengewächse)

> **GUT ZU WISSEN:** Lassen Sie die Pflanzen nicht blühen, weil sich dann kaum noch neue Triebe ausbilden.

IN DER KÜCHE

• *Winterlauch enthält wirksame Antioxydantien und Schwefelverbindungen. Schnittlauch ist reich an Vitaminen und soll aphrodisierend wirken!*

• *Beide Kräuter werden vorzugsweise roh verzehrt, aber Winterlauch passt auch zu gekochten Gerichten der exotischen Küche.*

1 Den Boden vorbereiten

 Sie können vorgezogene Pflanzen in Ihrer Gärtnerei besorgen, aber die Aussaat dieser Kräuter gelingt leicht. Bereiten Sie den Boden etwa 20 cm tief vor. Harken und rechen Sie ihn.

Die Samen werden in einer Reihe ausgesät. Spannen sie eine Schnur, an der entlang Sie eine etwa 1 cm tiefe Rinne ziehen. Geben Sie die Samen hinein und bedecken Sie sie mit Erde. Klopfen Sie sie mit dem Rücken des Rechens fest und gießen Sie sie mit einem dünnen Strahl.

BELIEBTE SORTEN

• **Winterlauch**

- *‚Commune Rouge'*
dicke, genießbare Knollen

- *‚Toga'*
Zwiebelaroma

• **Schnittlauch**

- *‚Civette'*
sehr feine Blätter

- *‚Staro'*
besonders grobröhrig

2 Säen

Wenn der Pflanzenfuß älter ist, können Sie ihn teilen: Nehmen Sie die Pflanze mit einer Gartengabel heraus und teilen Sie die verschlungenen Wurzeln mit einer Schere. Pflanzen Sie sie neu ein.

3 Teilen

4 Ernten

Ernten Sie die Kräuter ganz nach Bedarf, wenn Sie Soßen oder Salat damit würzen möchten. Schneiden Sie die Blätter einzeln mit einer spitzen Schere ab. Sie können sie auch trocknen oder einfrieren.

Einpflanzen   Ernte

J	F	M	A	M	J	J	A	S	O	N	D

Estragon

Mit diesem Kraut können Sie Salat, Essig und Öl würzen oder auch Tee gegen Verdauungsbeschwerden herstellen. Verwechseln Sie Estragon nicht mit dem Russischen Estragon, der sich selber aussät, aber nicht in der Küche verwendet wird.

aufgelockert

sonniger Standort

lehmiger und nährstoffarmer Boden

Rost

GUT ZU WISSEN: Erneuern Sie die Pflanzen alle drei bis vier Jahre, bevor sie eingehen. Lassen Sie sie nicht blühen.

Artemisia dracunculus (Doldenblütler)

IN DER KÜCHE

• Estragon wirkt anregend und verdauungsfördernd. Er wirkt auch gegen Mundgeruch sowie Schlaflosigkeit.

• Verzehren Sie ihn roh in einer Salatsoße oder gekocht in Soße zu hellem Fleisch. Estragon wird auch als Gewürz für Senf verwendet.

1 Den Boden vorbereiten

↑ Lockern Sie den Boden 20 cm tief auf, denn Estragon verträgt keine kompakte Erde. Harken Sie und zerkleinern Sie dabei Wurzeln. Spannen Sie eine Schnur, damit Sie die Kräuter in einer Reihe setzen können.

Setzen Sie die geteilten oder in einer Gärtnerei gekauften Pflanzen in ein 50 cm tiefes Pflanzloch, das Sie mit dem Pflanzstab gegraben haben. Achten Sie darauf, dass der Wurzelballen feucht ist.

2 Einpflanzen

3 Festklopfen, gießen

Drücken Sie die Erde rund um die Pflanze mit den Händen fest. Gießen Sie, bis die Erde gut feucht ist. Jäten Sie während der Wachstumszeit das Unkraut und lockern Sie den Boden immer wieder auf.

BELIEBTE SORTEN

Es wird nur eine Estragon-Art angebaut.

4 Ernten

Ernten Sie die zarten Triebspitzen ganz nach Bedarf. Getrocknete Blätter verlieren schnell ihr Aroma und ihren Duft, aber sie können eingefroren werden. Schneiden Sie die Pflanze vor dem Winter bis zum Boden herunter. Sie werden im folgenden Jahr wiederkommen.

Minze

Minze gibt es in zahlreichen Formen mit unterschiedlichen Geschmacksnoten. Man verwendet sie zum Kochen und als Tee, ebenso wie als Sirup oder als Heilpflanze. Sie gehört in jeden Garten.

nährstoffreich

halbschattiger Standort

kompakte Böden

Rost, Mehltau

GUT ZU WISSEN: Schneiden Sie am Saisonende alle Stängel bis zum Boden herunter und verbrennen Sie sie lieber als sie auf den Kompost zu geben.

Mentha spp.
(Lippenblütler)

EIN KLEINER TIPP

„Bewahren Sie Minzebüschel in einem Wasserglas auf, kleingeschnittene Blätter in Küchenpapier gewickelt im Gemüsefach des Kühlschranks. Getrocknete Blätter sollte lichtgeschützt aufbewahrt werden."

IN DER KÜCHE

• Minze besitzt beruhigende, schmerzstillende und antiseptische Eigenschaften. Sie wird bei Husten, Heiserkeit, Grippe und Schnupfen eingesetzt.

• Man verzehrt sie roh und als Tee, in Likör und in Backwerk.

1 Vermehren

Um Minze zu vermehren, setzen Sie Stecklinge aus jungen Trieben oder teilen Sie ältere Wurzelballen. Durch die letztere Methode erhalten Sie sehr schnell neue Pflanzen, von denen Sie gleich ernten können.

Lockern Sie den Boden gut auf, harken und begradigen Sie ihn. Graben Sie mit einem Pflanzstab ein Loch, in das Sie die zuvor geteilte oder im Topf vorgezogene Pflanze hineinsetzen.

2 Einpflanzen

3 Erde festklopfen, gießen

Klopfen Sie mit den Händen Erde um die Pflanze herum fest. Gießen sie ausgiebig, bis der Boden gut feucht ist. Lassen Sie einen Abstand von 30 bis 40 cm zwischen den Pflanzen, damit sie sich gut entwickeln können.

BELIEBTE SORTEN

- *Korsische Minze hat sehr kleine Blätter.*

- *Krauseminze ist sehr bitter.*

- *Minze mit runden Blättern wird für Schokolade verwendet.*

- *Gepfefferte Minze ist sehr intensiv, während grüne Minze eher mild ist.*

4 Ernten

Minzeblätter pflückt man ganz nach Bedarf. Sie können auch ganze Stängel ernten, dadurch wird die Bildung neuer Stängel begünstigt. Getrocknet hält sich Minze sehr gut.

Aussaat   Ernte

| J | F | M | A | M | J | J | A | S | O | N | D |

Petersilie

Petersilie mit glatten oder krausen Blättern gehört in jeden Garten. Während der Keimzeit ist dieses Kraut recht kapriziös, aber anschließend wächst es immer wieder nach.

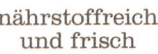

nährstoffreich und frisch

halbschattiger Standort

durchweichte oder zu trockene Böden

Blattlaus, Schnecken, Rost, Milben

GUT ZU WISSEN: Setzen Sie Petersilie nicht in die volle Sonne, durch die Wärme bleichen die Blätter aus.

Petroselinum crispum (Doldenblütler)

IN DER KÜCHE

• Petersilie enthält mehr Vitamin C als Zitrusfrüchte, außerdem das Provitamin A, Kalzium, Kalium, Magnesium und Eisen. Es wirkt kräftigend und anregend, besitzt aber auch beruhigende Eigenschaften.

• Es wird roh verzehrt, weil es beim Kochen seine Vitamine verliert.

1 Die Aussaat vorbereiten

 Legen Sie die Samenkörner eine Nacht in lauwarmes Wasser, dadurch wird die Keimung beschleunigt. Graben Sie den Boden um, lockern Sie ihn auf und begradigen Sie ihn. Spannen Sie eine Schnur und ziehen Sie an ihr entlang eine 1 cm tiefe Rinne.

Verteilen Sie die Samen gleichmäßig in der Rinne, dann müssen Sie die Pflanzen später nicht ausdünnen. Bedecken Sie sie mit etwas Erde und klopfen Sie sie mit dem Rücken des Rechens fest. Gießen Sie mit einem dünnen Strahl, damit die Samen nicht ausgeschwemmt werden.

2 Säen

3 Pflegen

Entfernen Sie während des Wachstums immer wieder Unkraut und gießen Sie in längeren Trockenperioden. Achten Sie darauf, dass die Pflanzen nicht zu schnell wachsen, weil sie dann ausgezehrt werden. Schneiden Sie auch blühende Stiele ab.

BELIEBTE SORTEN

- ‚Commun'
glatte Blätter, schnelles Wachstum

- ‚Grüne Krause'
krause Blätter, dekorativ

- ‚Italienische Glatte'
glatte Blätter, groß, intensiver Duft

4 Ernten

Nach etwa zwei Monaten können Sie die ersten Blätter ernten. Ernten Sie zuerst die unteren Blätter mit einer Schere oder einem Messer. Neue Triebe ersetzen die bereits geernteten.

Salbei

Dieses aromatische Küchenkraut verleiht Soßen, Salaten und zahlreichen Gerichten einen wunderbaren Geschmack. Die Blätter kann man auch als Tee verwenden. Pflanzen Sie Salbei in der Nähe der Küche an.

 tief, locker

 sonniger Standort

 kompakter Boden

 Mehltau

> **GUT ZU WISSEN:** Der Duft der Salbeiblätter hält Parasiten von Rosen fern. Pflanzen Sie ihn also zwischen Rosenstöcke an.

1 Mit Stecklingen vermehren

↑ Es ist ganz einfach, Salbei mit Stecklingen zu vermehren. Schneiden Sie einen jungen, gesunden, leicht verholzten Trieb ab. Er sollte etwa 10 cm lang sein. Lassen Sie nicht zu viele Blätter stehen.

Salvia officinalis (Lippenblütler)

EIN KLEINER TIPP

,,*Schneiden Sie nach der Blüte die verwelkten Blüten ab und schneiden Sie auch zwei Drittel der Stängel ab, um die Pflanze zu kräftigen und zu vermeiden, dass Sie im unteren Teil kahl wird.*"

IN DER KÜCHE

• *Salbei besitzt viele heilende Eigenschaften: es beruhigt den Magen, wirkt anregend, antiseptisch, krampflösend, fiebersenkend und wundheilend.*

• *Verwenden Sie ihn als Tee oder als Küchenkraut zu Fleisch oder Käse.*

Stecken Sie den Steckling in einen Topf mit fein gesiebter Aussaaterde. Stellen Sie ihn ins Warme und halten Sie ihn feucht. Die Wurzelbildung erfolgt sehr schnell.

2 Pikieren

3 Einpflanzen

Wenn Sie sich die Vermehrung mit Stecklingen nicht zutrauen, kaufen Sie vorgezogene Pflanzen in einer Gärtnerei. Lockern Sie den Boden auf und setzen Sie die Pflanze mit einem Pflanzstab hinein. Klopfen Sie die Erde rundherum fest und gießen Sie sie gut.

BELIEBTE SORTEN

- *,Purpurea'*
purpurfarbene Blätter

- *,Tricolor'*
grüne, weiße und
purpurfarbene Blätter

4 Ernten

Salbei ist eine kräftige Pflanze und kann mehrere Jahre am selben Ort bleiben. Er wird ganz nach Bedarf geerntet, indem man die Stängel abschneidet und die Blätter abzupft. Trocknen Sie sie an der Luft.

Thymian

Thymian ist zwar eine Pflanze des Südens, gedeiht aber auch in nördlichen Regionen gut. Es gibt zahlreiche Sorten mit unterschiedlichen Aromen, die alle für die Küche geeignet sind.

trocken, steinig

sonniger Standort

kompakter, durchweichter Boden

keine

GUT ZU WISSEN: Thymian zieht zwar bestäubende Insekten an, hält aber alle Schädlinge durch seinen Duft fern. Verteilen Sie ihn in Ihrem Garten.

Thymus vulgaris (Lippenblütler)

IN DER KÜCHE

• *Thymian enthält Thymol, das antiseptisch und antibiotisch wirkt. Als Heilpflanze wird es unter anderem bei Halsschmerzen, Bronchitis und Schnupfen eingesetzt. Zugleich wirkt es anregend und wird als Wurmmittel und Rheumamittel verwendet.*

• *Mit Thymian würzt man Soßen, Fleisch, Fisch und Gemüse.*

1 Den Boden vorbereiten

Graben Sie den Boden um und lockern Sie ihn bei Bedarf auf, graben Sie dann ein Loch. Geben Sie etwas Erde hinein, damit die Pflanze schneller anwächst.

Wenn Sie schnell ernten möchten, kaufen Sie vorgezogene Pflanzen. Tauchen Sie sie in einen Wassereimer, damit der Wurzelballen gut durchfeuchtet wird. Nehmen Sie ihn dann aus dem Topf, ohne den Wurzelballen zu beschädigen.

2 Die Pflanze vorbereiten

BELIEBTE SORTEN

- *,Provence-Thymian'*
sehr aromatisch

- *,Winter-Thymian'*
winterhart

- *,Thymus citriodorus'*
zitroniges Aroma

Setzen Sie den Thymian in das Pflanzloch und drücken Sie rundherum die Erde fest. Gießen Sie ausreichend. Wenn Sie mehrere Pflanzen einsetzen, lassen Sie zwischen ihnen etwa 30 cm Abstand. Halten Sie den Boden sauber, jäten und harken Sie ihn regelmäßig.

3 Einpflanzen

4 Ernten

Pflücken Sie die Stängel ganz nach Bedarf. Lassen Sie sie zur Lagerung trocknen. Entfernen Sie während des Wachstums die Blüten, damit sie die Pflanze nicht auszehren. Schneiden Sie am Ende des Herbstes die unteren nackten Stängel.

Arbeitskalender

- Bleichen
- Stecklinge setzen
- Anhäufeln
- Lagern
- Ausdünnen
- Düngen
- Einpflanzen
- Ernte
- Pikieren
- Aussaat im Warmen
- Aussaat im Kühlen
- Aussaat im Freiland
- Schneiden

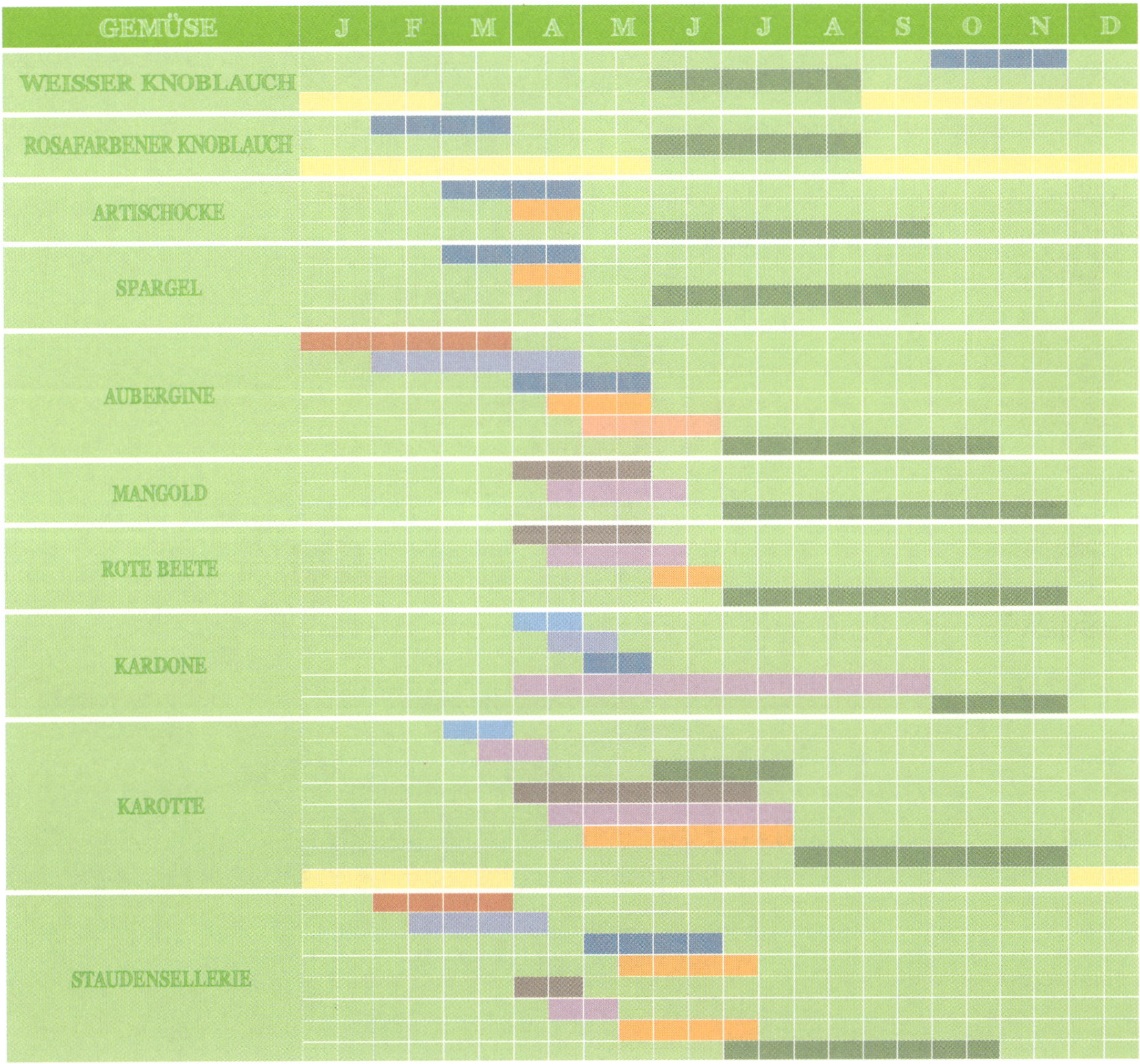

GEMÜSE	J	F	M	A	M	J	J	A	S	O	N	D
WEISSER KNOBLAUCH												
ROSAFARBENER KNOBLAUCH												
ARTISCHOCKE												
SPARGEL												
AUBERGINE												
MANGOLD												
ROTE BEETE												
KARDONE												
KAROTTE												
STAUDENSELLERIE												

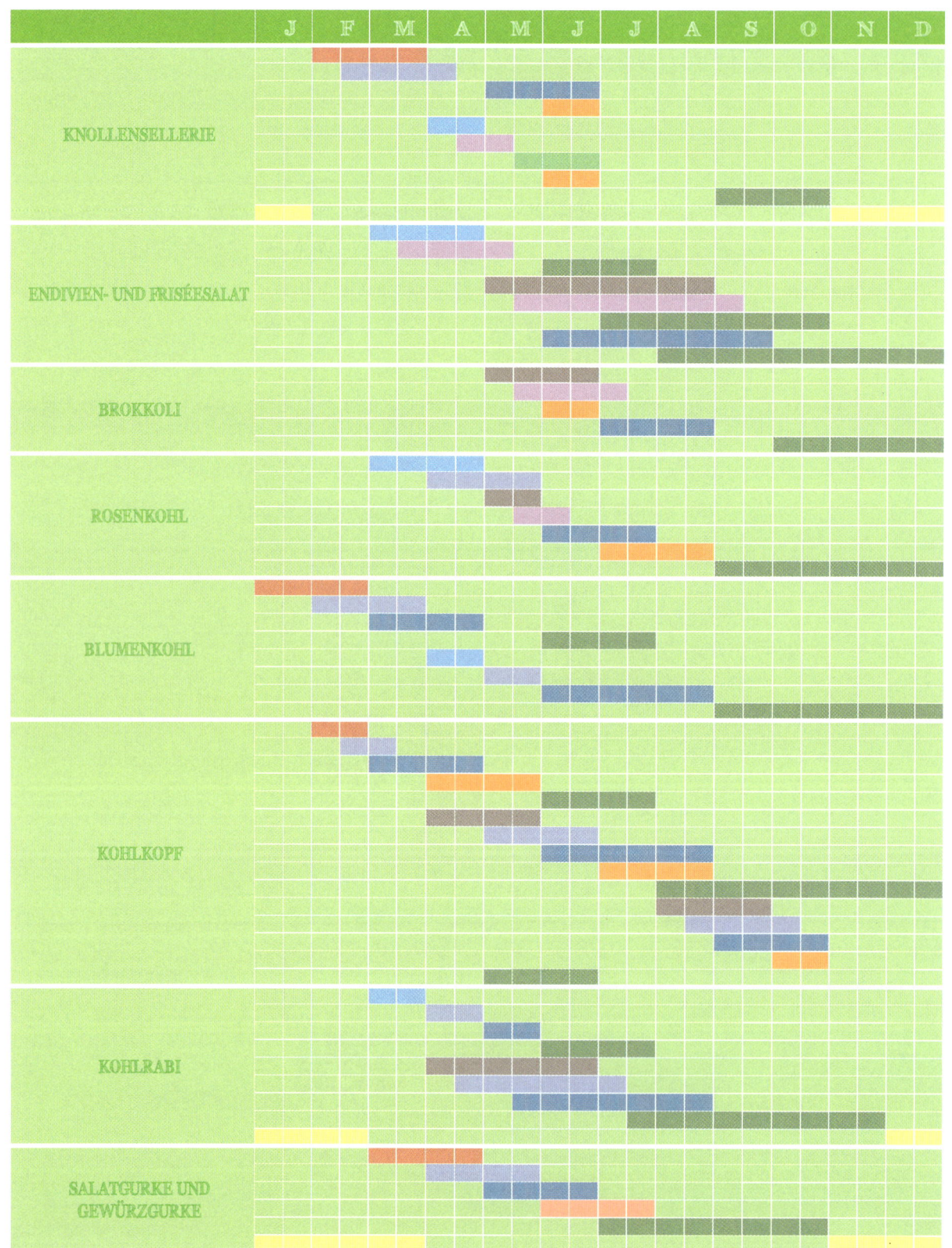

	J	F	M	A	M	J	J	A	S	O	N	D
KNOLLENSELLERIE												
ENDIVIEN- UND FRISÉESALAT												
BROKKOLI												
ROSENKOHL												
BLUMENKOHL												
KOHLKOPF												
KOHLRABI												
SALATGURKE UND GEWÜRZGURKE												

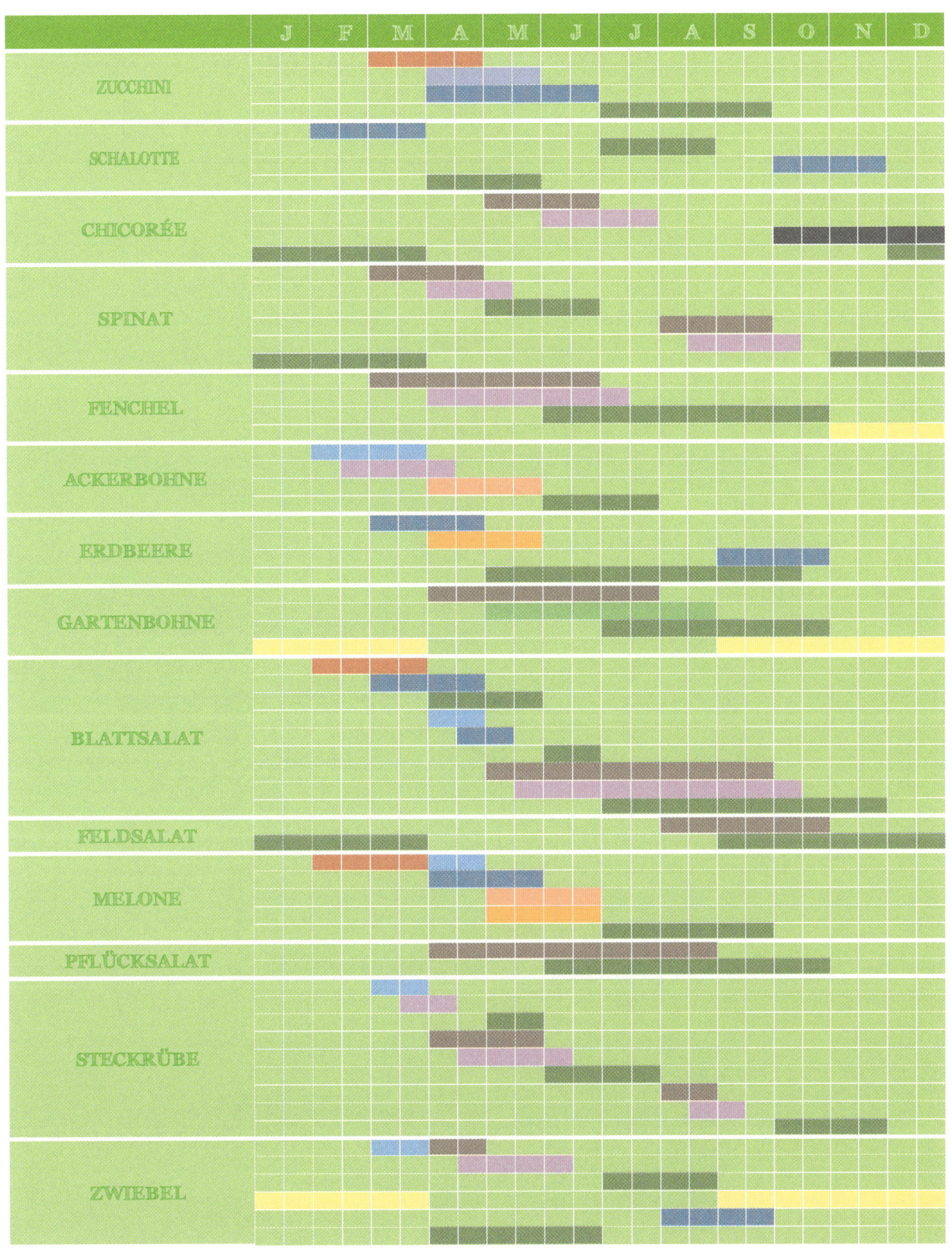

	J	F	M	A	M	J	J	A	S	O	N	D
ZUCCHINI												
SCHALOTTE												
CHICORÉE												
SPINAT												
FENCHEL												
ACKERBOHNE												
ERDBEERE												
GARTENBOHNE												
BLATTSALAT												
FELDSALAT												
MELONE												
PFLÜCKSALAT												
STECKRÜBE												
ZWIEBEL												

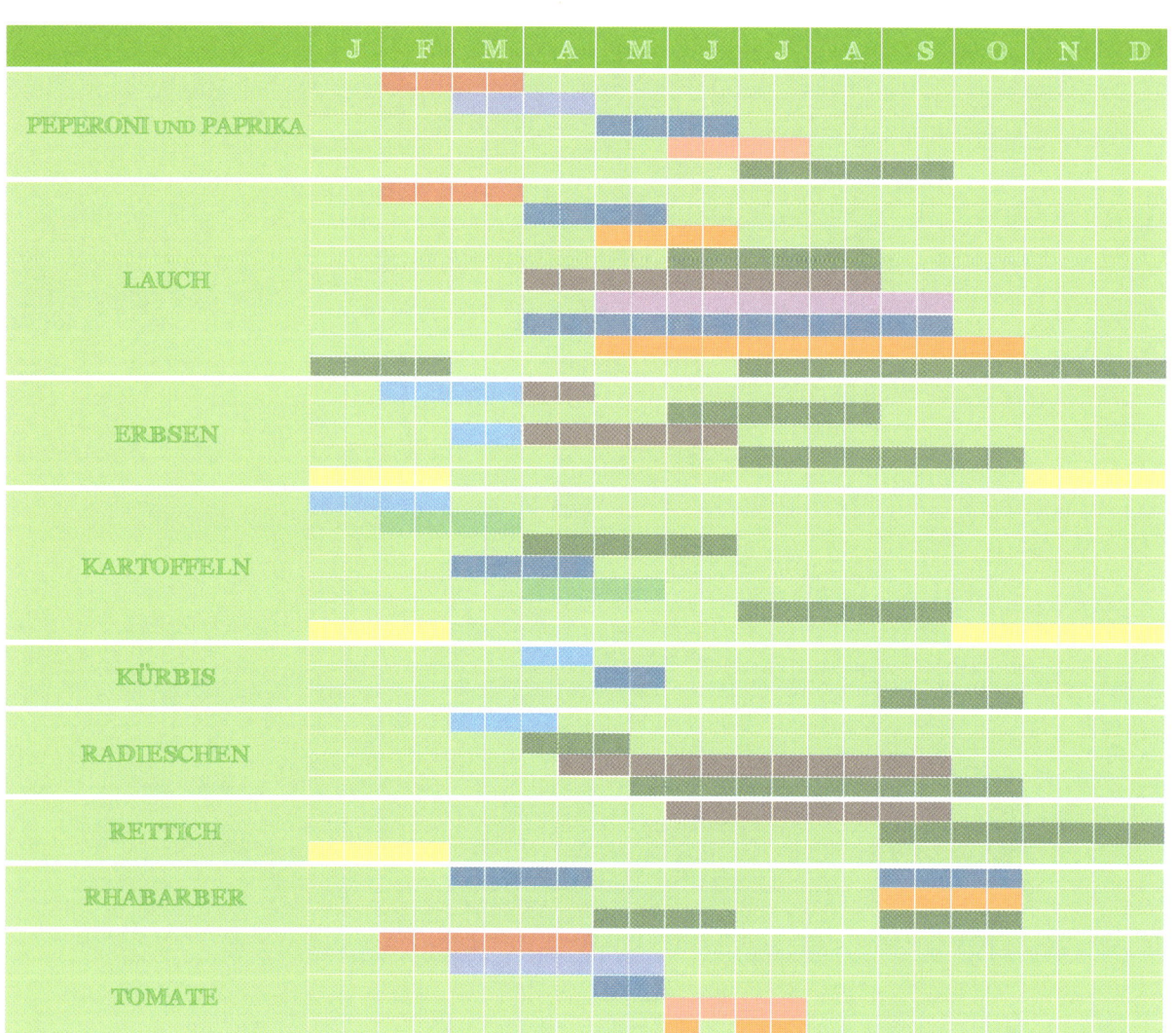

	J	F	M	A	M	J	J	A	S	O	N	D
PEPERONI UND **PAPRIKA**												
LAUCH												
ERBSEN												
KARTOFFELN												
KÜRBIS												
RADIESCHEN												
RETTICH												
RHABARBER												
TOMATE												

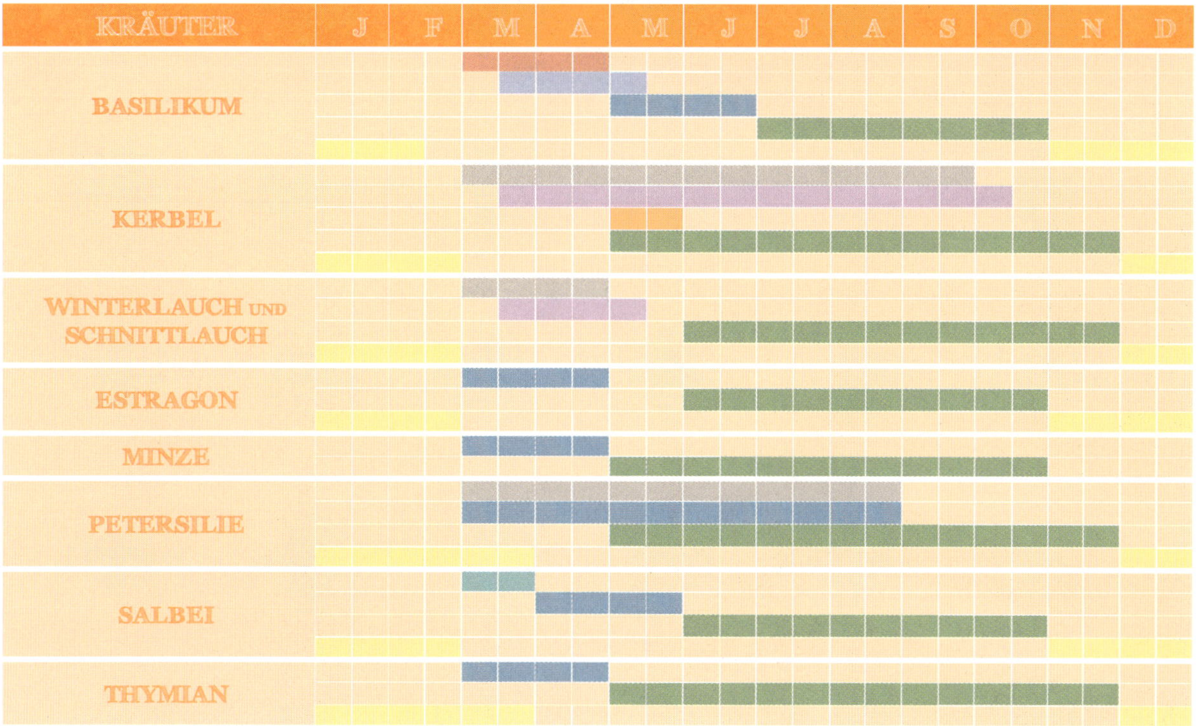

KRÄUTER	J	F	M	A	M	J	J	A	S	O	N	D
BASILIKUM												
KERBEL												
WINTERLAUCH UND SCHNITTLAUCH												
ESTRAGON												
MINZE												
PETERSILIE												
SALBEI												
THYMIAN												

153

Glossar

Anhäufeln: einen kleinen Erdhügel um den Fuß einer Gemüsepflanze bilden, damit sie besseren Halt hat (Bohne) oder damit sie leichter Knollen bildet (Kartoffel).

Anzuchttöpfe: kleine Gefäße, in denen Pflanzen herangezogen werden. Sie können aus Ton, Plastik oder Torf sein.

Ausdünnen: dabei werden überzählige Pflanzen einer Anzucht entfernt, damit sie sich besser ausbreiten kann.

Ausgeizen: Entfernen einiger Blätter und Wurzeln bei bestimmten Jungpflanzen, damit sie leichter wiederkommen.

Basischer Boden: bezeichnet einen Boden, dessen pH-Wert über 7 liegt. Kalkhaltige Böden sind basisch.

Beet: eine Fläche, auf der Pflanzen angebaut werden.

Blattachsel: bezeichnet die Stelle, an der das Blatt mit dem Stängel verbunden ist.

Blattgemüse: Gemüse, von dem Blätter und Stängel verzehrt werden (Spinat, Blattsalat, Kohl etc.).

Bleichen: Vorgang, bei dem man einer Pflanze das Licht entzieht, damit sie hell wird.

Bodenverbesserung: die Struktur eines Bodens durch Einarbeitung bestimmter Stoffe wie z. B. Sand, Torf, Kalk oder Stallmist verbessern.

Bodenversauerung: ein kalkarmer Boden wird als „saurer Boden" bezeichnet. Dies ist der Fall, wenn der pH-Wert auf einer Skala von 0 bis 14 unter 7 liegt.

Brutzwiebel: eine kleine Zwiebel, die sich innerhalb oder an einer alten Zwiebel bildet und so die Pflanze vermehrt (Knoblauch, Schalotte).

Düngen: einen Dünger in den Boden einarbeiten, um ihn fruchtbarer zu machen und den Ertrag zu steigern.

Einmaltragend: Gemüsepflanzen, die nur einmal im Jahr Früchte tragen.

Freilandkultur: eine Anzucht direkt im Boden.

Fruchtgemüse: Gemüse, von dem die Frucht verzehrt wird (Melone, Aubergine, Gurke, Tomate, etc.).

Fungizid: Mittel zur Bekämpfung von Pilzerkrankungen.

Gewächshaus: in einem kleinen Gewächshaus oder in mit Folie oder Glasplatten abgedeckten Töpfen werden junge Pflanzen vorgezogen, bevor sie an ihren endgültigen Standort gesetzt werden.

Hals: Pflanzenteil zwischen Wurzeln und Stängel, liegt direkt am Boden.

Insektizid: Insektenvernichtungsmittel, das zur Abtötung von schädlichen Insekten verwendet wird.

Lignifizierung: oder Verholzung; ein verholzter Teil der Pflanze ist vom krautigen zum holzigen Zustand übergegangen.

Mehrmalstragend: Pflanzen, die mehrmals im Jahr Blüten oder Früchte hervorbringen.

Pflanzenknolle: gewölbte Wurzel, die verzehrt wird (Kartoffel). Damit können Pflanzen auch vermehrt werden.

Pflanzloch: kleines Loch, in das man ein paar Samen hineingibt (Bohnen, Erbsen).

pH: potentia Hydrogenii. Damit wird der Base- oder Säuregehalt eines Bodens auf einer Skala von 0 bis 14 bezeichnet. Der pH-Wert eines neutralen Bodens liegt bei 7.

Pikieren: Umpflanzen von Sämlingen mit einem Pflanzstäbchen.

Pilzkrankheit: wird durch einen Pilz hervorgerufen.

Reihenpflanzung: dafür wird an einer Schnur entlang eine Rinne gezogen, in die das Saatgut oder die vorgezogenen Jungpflanzen gesetzt werden.

Schößling: Spross, der sich an der unteren Basis bestimmter Pflanzen entwickelt (Artischocke, Kardone).

Seitentrieb: damit ist ein Trieb gemeint, der sich seitlich an einem Stängel entwickelt, oder eine Knospe, die an einer Blattachsel entsteht.

Stolonen: Seitensprossen, die sich bei bestimmten Pflanzen von selbst ausbreiten und dadurch neue Pflanzen hervorbringen (Erdbeeren).

Streu: Material, das auf dem Boden verteilt wird, damit er Feuchtigkeit speichern kann und damit die Ausbreitung von Unkraut verhindert wird. Torf, zerkleinerte Kakaoschalen und Flachsstreu werden in einem Gemüsegarten als Streu verwendet.

Vermehrung: durch Teilen des Wurzelballens kann eine ältere Pflanze vermehrt werden.

Vorziehen: Gemüse vor seiner normalen Vegetationszeit anbauen.

Wurzelgemüse: Gemüse, von dem der unter der Erde wachsende Teil verzehrt wird (Kartoffel, Rettich, Karotte etc.).

Index

A

Abdecken 16
Abstand 14
Ackerbohne 82-83
Allium
- *ascalonicum* 73
- *cepa* 104
- *fistulosum* 137
- *porrum* 109
- *sativum* 24
- *schoenoprasum* 137
Anhäufeln 17
Anlegen 6
Anordnung 7
Anthraknose 19
Anthriscus cerefolium 135
Apium graveolens 45
- *var. dulce* 45
- *var. rapaceum* 47
Artischocke 26-28
Asparagus officinalis 29
Aubergine 32-34
Auflockern 11
Ausdünnen 14
Auspflanzen 11
Aussaat 11-12
- im Frühbeet 11
- am Standort 12
- im Gewächshaus 12

B

Basilikum 133-134
Baldriangewächse 95
Bataviasalat 94
Beta vulgaris 35, 37
Blattlaus 18
Blattsalat 91-94
Blattzichorien 51
Bleichen 17
Blumenkohl 60-62
Boden 9
- Analyse 9
- kalkhaltig 9
- lehmig 9
- sandig 9
Bodenbearbeitung 11

Bodenverbesserung 10
Bohnen 87-90
Brassica napus 102
Brassica oleracea 60
- *var. botrytis* 60
- *var. bullata* 63
- *var. capitata* 63
- *var. gemmifera* 57
- *var. gongylodes* 66
- *var. italica* 54
Brokkoli 54-56
Buschbohnen 89

C

Capsicum annuum 107
Chicorée 75-77
Cichorium
- *endiva* 75
- *spp.* 50
Cucumis
- *melo* 67
- *sativus* 68
Cynara
- *cardunculus* 39
- *scolymus* 26

D

Daucus carotta 42
Doldenblütler 42, 45, 80, 135, 139, 143
Düngung 10, 18

E

Einachsschlepper 20
Einpflanzen 15
Endiviensalat 51
Erbsen 112-113
Erdbeere 84-86
Ernte 19
Eruca sativa 100
Estragon 139-140

F

Feldsalat 95-96

Fenchel 80-81
Foeniculum dulce 80
Fragaria spp. 84
Friséesalat 51
Fruchtwechsel 8
Fuchsschwanzgewächse 35, 78

G

Gartengerät 20
Gartenkresse 100
Gewürzgurke 68-70
Gießen 16
Größe 17
Gründünger 11

H

Hacken 16
Harken 11
Hülsenfrüchtler 82, 87, 113
Humusboden 9

I

Insekten 18

J

Jäten 16

K

Kardone 39-41
Karotte 42-44
Kartoffel 115-116
- Frühkartoffel 116
- mittelfrühe Kartoffel 116
- Spätkartoffel 116
Keimlingskrankheit 19
Kerbel 135-136
Knoblauch 24-25
- rosa 25
- violett 25
- weiß 25
Knöterichgewächse 124
Knollensellerie 47-49

Kohl 63-64
Kohlrabi 66-67
Kompost 10
Kopfsalat 93
Korbblütler 26, 39, 50, 75, 91, 139
Krankheiten 18, 19
Kreuzblütler 54, 57, 60, 63, 66, 100, 102, 120, 122
Kürbis 117-119
Kürbisgewächse 68, 71, 97, 117

L

Lagerung 19
Larve 18
Latuca sativa 91
Lauch 109-111
Lehmboden 9
Lepidium sativum 100
Liliengewächse 24, 29, 73, 104, 109, 137
Lippenblütler 133, 145, 147
Lycopersicum aesculentum 126

M

Mangold 35-36
Mehltau 18
Melone 97-99
Menge 8
Milbe 18
Mond 6
Motorhacke 20

N

Nachtschattengewächse 32, 107, 115, 126
Nagetiere 18

O

Oberfläche 7
Ocimum basilicum 133

P

Paprika 107-108
Peperoni 107-108
Petersilie 143-44
Petroselinum crispum 143
Pflanzen 15
 - auf Kunststofffolie 16
Pflanztopf 15
 - aus Torf 15
Pflege 15
Pflücksalat 100-101
pH 11
Phaseolus vulgaris 87
Pikieren 14
Pisum sativum 112
Portulaca oleracea 100
Portulaceae 100
Portulak 100

R

Radieschen 120-121
Rankhilfe 17
Raphanus sativus 120, 122
Rauke 100
Raupe 18
Rettich 122-123
Rhabarber 124-125
Rheum rhaponticum 124
Romanasalat 93
Rosengewächse 84
Rosenkohl 57-59
Rost 19
Rote Beete 37-38
Rotkohl 63-6

S

Salatgurke 68-70
Salbei 145-146
Salvia officinalis 145
Schädling 18
Schalotte 73-74
Schnecken 18
Schnittlauch 137-138

Solanum
 - *melongena* 32
 - *tuberosum* 115
Sonne 6
Spargel 29-31
Spinacia oleracea 78
Spinat 78-79
Staudensellerie 45-46
Stecklingsvermehrung 12
Steckrübe 102-103

T

Teilen 12
Thymian 147-148
Thymus vulgaris 147
Tomate 126-129

V

Valerianella locusta 95
Vorbereiten der Pflanze 15
Vorbereiten des Bodens 10

W

Weinbergschnecke 18
Weißkohl 63, 64
Winterlauch 137-138
Wintersalat 92
Wirsing 64
Würmer 28

Z

Zucchini 71-72
Zuckerschoten 89
Zwiebel 104-106
 - gelb 105
 - rot 105
 - weiß 105

Bildnachweis